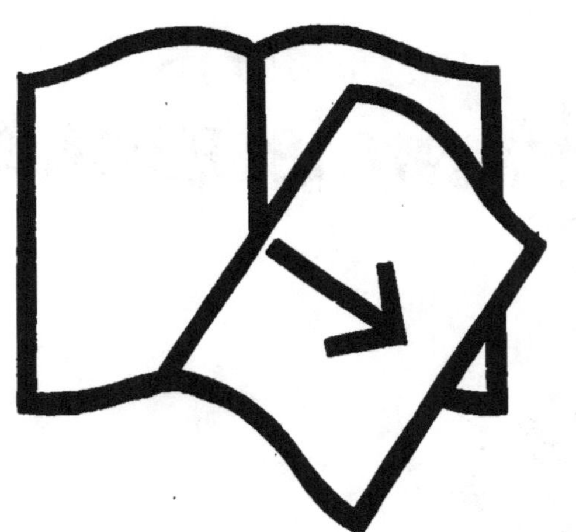

Couvertures supérieure et inférieure
manquantes

LES TROIS PROCÈS.

PARIS.—IMPRIMERIE DE FAIN, RUE RACINE, N°. 4,
PLACE DE L'ODÉON.

CAUSES CÉLÈBRES.

LES TROIS PROCÈS :

DE CONTRAFATTO,

PRÊTRE SICILIEN ;

DE SIEFFRID,

CURÉ DE BENFELD, EN ALSACE ;

ET DE MOLITOR,

PRÊTRE ALLEMAND.

PRIX : 1 FR. 50 CENT.

A PARIS,

CHEZ LES MARCHANDS DE NOUVEAUTÉS.

1827.

AFFAIRE CONTRAFATTO.

———

Quoiqu'on sût à l'avance que les débats de l'affaire devaient avoir lieu à huis-clos, une affluence considérable n'en remplissait pas moins l'audience de la cour d'assises. On voulait voir cet homme dont l'attentat offre un si affligeant contraste avec les fonctions du sacerdoce dont il était revêtu. Avant l'ouverture de l'audience, les regards se portent avec un douloureux intérêt sur la jeune fille, âgée de cinq ans, que l'accusation présente comme la victime de l'abbé Contrafatto. C'est avec satisfaction qu'on s'aperçoit qu'elle paraît hors de danger : sa figure, pâle encore, annonce cependant que cette pauvre enfant a dû beaucoup souffrir. Madame Le Bon, sa mère, qui s'est constituée partie civile, et ses trois demoiselles, citées comme témoins, sont présentes.

Contrafatto est amené sur les bancs. Il s'avance d'un air tranquille et assuré, et salue d'un air mystique l'assemblée avide de contempler ses traits. C'est un jeune homme pâle, aux sourcils noirs et épais, aux cheveux plats, aux yeux vifs et perçans; sa bouche, très-grande, est souvent entr'ouverte par le sourire dont il accompagne chacune de ses paroles, et laisse voir des dents très-blanches. Il porte sous son bras une liasse de papiers. Il déclare se nommer Joseph Contrafatto, être âgé de vingt-huit ans, être né à Piazza, en Sicile.

Après la lecture de l'arrêt de renvoi, M. de Vaufreland, avocat-général, prend des conclusions tendantes à ce que les débats de l'affaire aient lieu à huis-clos.

La Cour fait droit, par un arrêt, à ces conclusions.

M. le Président : Faites retirer l'auditoire et le barreau, à l'exception des avocats de la cause.

M. *Caille* : Je supplie la Cour de me permettre sur ce point une observation au nom des avocats présens à l'audience....

M. le Président : Vous n'avez rien à dire, vous n'êtes pas dans la cause; la Cour ordonne que l'audience aura lieu à huis-clos, et, en vertu de notre pouvoir discrétionnaire, nous ordonnons que les avocats sortent de l'audience.

M. *Caille* : C'est sur ce point que j'espérais que la Cour me permettrait de lui soumettre une observation.

M. le Président : Vous n'en avez pas à faire. Qu'on fasse sortir le barreau.

M. *Caille* : C'est contraire à tous les usages, et depuis deux siècles....

M. le Président : La Cour, je le répète, a ordonné que les débats de l'affaire auraient lieu à huis-clos : l'audience aura lieu à huis-clos.

(3)

M^e. *Caille* : La défense est solidaire....

M. *le Président* : Si vous persistez, la Cour délibérera.

M^e. *Caille* : C'est précisément ce que je demande, monsieur le président.

M. *le Président* : Au reste, il n'y a pas lieu à délibérer. Gendarmes, faites sortir les avocats.

M^e. *Caille* : Nous protestons contre cet ordre; il est contre tous nos droits. Le droit d'assister à toutes les audiences est imprescriptible.

M. *le Président* : Vous n'avez pas la parole.

M^e. *Caille* : Nous demandons acte de ce que la Cour refuse au barreau d'assister aux débats à huis-clos.

M. *le Président* : La pudeur publique exige que les débats d'une pareille affaire aient lieu à huis-clos. Si l'on admettait toutes les personnes en robe, il y aurait bientôt trois cents personnes : tout le monde mettrait des robes.

M^e. *Caille* : Les avocats seraient les premiers à signaler à la Cour une pareille usurpation.

M. *le Président* : Gendarmes, faites sortir le barreau. (Plusieurs gendarmes arrivent, et un officier de gendarmerie, placé derrière la Cour, se lève et va donner des ordres.)

M^e. *Caille* : Nous respectons les ordres de la Cour ; nous n'avons pas besoin de gendarmes pour sortir.

M^e. Caille et MM. les avocats se retirent avec le public.

M^e. *Saunière*, avocat de Contrafatto : M^e. Caille demande à la Cour la permission de poser des conclusions.

M. *le Président* : On ne pose de conclusions que

1.

dans une affaire. Il n'y a pas ici d'affaire. Faites sortir tout le monde.

MM. les avocats et l'auditoire se retirent.

Le greffier donne lecture de l'acte d'accusation.

« JOSEPH CONTRAFATTO demeurait à Paris, rue Coquenard, n°. 9. Dans la même maison habitait la veuve Le Bon, avec ses quatre filles. La plus jeune, Hortense, et qui n'a que cinq ans, montait quelquefois chez une femme Laurent, blanchisseuse (1), qui occupe un appartement au-dessus de celui de la veuve Le Bon, pour aller jouer avec les enfans de cette femme. Sur le même palier et vis-à-vis se trouvait la chambre de Contrafatto.

» Dans le courant du mois de juillet, celui-ci rencontra la jeune Hortense sur l'escalier ; il l'appela, la fit entrer dans sa chambre et lui donna du sucre. . . .
. . . .
. . . .
. . . .
. . . .

Elle ne parla point à sa mère de ce qui lui était arrivé ; mais elle le dit à plusieurs personnes de la maison qui le répétèrent entre elles. Le 29 du même mois de juillet, Joseph Contrafatto rencontra de nouveau Hortense Le Bon dans l'escalier, il l'appela ; Hortense ne voulait pas entrer ; mais il la prit par le bras et l'emmena dans sa chambre. . . . .
. . . .
. . . .
. . . . L'enfant lui disait que

---

(1) C'est une erreur, car la femme Laurent n'a point de jeunes enfans.

c'était *offenser le bon Dieu*. Mais cette réflexion, qui aurait dû rappeler tant de devoirs à Contrafatto, ne l'empêcha pas de porter plus loin ses tentatives criminelles. . . . .

. . . .

. . . .

. . . . . Ensuite il lui donna une prune. Hortense remonta chez sa mère et ne dit rien des violences auxquelles elle avait été en butte; mais . . . .

. . . .

elle raconta naïvement à sa mère tout ce qui vient d'être rapporté.

» Dans tout le cours de l'instruction elle a confirmé ses premiers récits, elle les a soutenus même en présence de Contrafatto. Son exactitude à les rapporter de la même manière a fait vivement ressortir les contradictions où ce dernier est tombé dans sa défense. Il est convenu toutefois que Hortense Le Bon était entrée deux fois dans sa chambre. Il a reconnu qu'elle avait dit la vérité dans les circonstances accessoires et qu'elle a racontées. Cet aveu, de sa part, concourt à établir la véracité d'Hortense Le Bon dans les faits essentiels qui constituent l'accusation.

» Joseph Contrafatto a repoussé ces assertions comme étant le fruit de la plus noire méchanceté; mais l'âge d'Hortense Le Bon, son ingénuité à raconter des détails obscènes dont elle ne peut comprendre l'impureté, son état de souffrance constaté par les médecins, l'éducation qu'elle a reçue, toutes ces circonstances ne permettent pas de croire à la fausseté de faits aussi odieux. La mère d'Hortense, veuve depuis plusieurs années, vit dans la retraite avec ses filles dont elle prend un soin particulier. Elle reçoit peu de monde;

les témoignages recueillis sur cette famille ne l'ont présentée que sous des rapports favorables. Il n'en est pas de même de Joseph Contrafatto. Ses mœurs étaient suspectes, ses habitudes répondaient mal à la dignité du caractère dont il est revêtu. L'on a trouvé dans sa demeure des écrits légers et même licencieux qui offrent un affligeant contraste avec les graves préceptes de la religion dont il s'est montré l'indigne ministre. »

Après cette lecture, M. le président procède à l'interrogatoire de Contrafatto. (On a eu soin d'élaguer de l'analyse fidèle de cette affaire tous les détails qui seront de nature à alarmer la pudeur publique.)

M. le Président : Depuis combien de temps êtes-vous venu en France?

Contrafatto : Depuis sept ou huit mois.

M. le Président : D'où veniez-vous?

Contrafatto : De Rome, monsieur le Président.

M. le Président : Je trouve dans les papiers un passeport qui, le 5 août 1826, vous a été délivré à Naples.

Contrafatto : Je le prenais aussi à Naples. Ayez la complaisance de m'entendre sur ce point : je vais déterminer la cause comme je me trouve à Paris.

M. le Président : Pourquoi êtes-vous parti de Rome?

Contrafatto : J'avais reçu une lettre de mon père qui demandait mon assistance pour lui et sa nombreuse famille. J'étais alors employé recteur de la sainte église de Santa-Maria de Constantinople, à Rome. J'étais connu par mon zèle pour le culte divin, pour la plus grande augmentation des fidèles et pour les avantages de la religion. Je commençais à prêcher pour le culte divin et la gloire de l'Évangile. En recevant cette lettre de mon père, je me présente au Pontife ; je lui parle de la subsistance, je lui montre tous les *attestats* que j'ai reçus des vicaires de Rome et de mon Église ; ils sont dans l'authenticité et la vérité ecclésiastique sur la manière bonne dont j'ai fait dans l'Église de Rome. Le saint Pontife m'accorde d'être chanoine dans la ville de Piazza. Voici le mémorial comme je me suis présenté au Saint-Père.

M. le Président : Pourquoi avez-vous quitté Rome ? Il paraît, d'après ce que vous avez déclaré à M. le conseiller instructeur, que l'évêque de Piazza a répondu au Saint-Père qu'il n'y avait pas de place de chanoine libre à Piazza ; mais que la première place vacante vous serait donnée. Vous n'aviez alors qu'une espérance d'un canonicat futur. Comment alors se fait-il que vous ayez quitté l'existence que vous donnait votre place de recteur à l'église Santa-Maria de Constantinople ?

Contrafatto : Le Saint-Père avait écrit au nonce de Naples pour exciter mon affaire près l'église du lieu. Je me dis alors : Va à Naples, et voici le mot de recommandation que me donna le Saint-Père.

M. le Président : Vous n'aviez pas alors de place à Piazza ?

Contrafatto : Non, monsieur. Étant à Naples, je me dis : Il n'y a au monde (comme on le dit) qu'un seul Paris. J'eus l'anxiété qu'ont tous les étrangers de voir la ville de Paris.

M. le Président : Il est extraordinaire que pour voir Paris, ou dans l'espoir douteux d'occuper des fonctions à Piazza, vous ayez quitté la place que vous aviez à Rome. Aviez-vous apporté avec vous vos lettres de prêtrise ? (L'accusé les fait remettre à M. le

Président.) Vous avez été, à votre arrivée à Paris, attaché à l'église de Notre-Dame de Lorette.

Contrafatto : Je montrai à M. l'archevêque de Paris ces attestats, ces certificats que vous devez examiner avec le plus grand soin. Ce sont des authenticités que vous devez considérer avec le plus grand soin, et que vous devez respecter comme venant du St. Pontife. Vous y verrez ces mots écrits de sa main : *Se distinxit zelo, assiduitate et pietate.* L'archevêque me donne alors le pouvoir de dire la messe, de confesser.... de confesser ! Chose admirable, conforme à mon existence, selon ce que doit un bon prêtre.

M. le Président : Cette autorisation vous mettait peu à même d'exercer le ministère de la confession; en effet, un prêtre étranger a peu d'occasions de le faire.

Contrafatto : J'ai reçu la pleine autorité de ce pouvoir.

(L'accusé raconte ici qu'après avoir été placé comme aumônier chez Mme. la comtesse d'Ormesson, il fut placé en la même qualité chez Mlle. Sauvan, maîtresse de pension, et attaché enfin à Notre-Dame de Lorette pour dire les messes *ouvrables.*)

M. le Président : Dans la perquisition faite à votre domicile, on a trouvé des papiers assez singuliers et qui ne conviennent guères à un ecclésiastique. Quelle est en effet cette gravure espagnole intitulée *Loterie de l'amour?* Quel usage peut en faire un prêtre?

Contrafatto : Je me suis bien expliqué sur cela. Je ne connais pas la langue espagnole et je ne savais pas ce que c'était que cela.

M. le Président : On a trouvé chez vous des chansons italiennes et françaises d'une nature telle que des personnes du monde ne se permettraient pas de les chanter. Une de ces chansons se termine par une indécente plaisanterie sur l'*Angelus*.

Contrafatto : J'explique encore cela: A mon arrivée à Marseille, je ne savaispas un mot de français. Voilà que, dans une société, des personnes se mettent à chanter, et, comme nous Italiens nous sommes grands amateurs de musique, je dis : « Cette musique me plaît. Écrivez-moi-la s'il vous plaît. » Le lendemain on me donna cet écrit.

M. de Vaufreland, avocat-général : Les paroles ne pouvaient vous faire connaître la musique. Il n'y a pas de notes avec ces couplets qui ne sont pas de nature à être conservés.

Contrafatto : Voici, monsieur, voici des prédications que j'ai faites à Rome pour la plus grande gloire de Dieu. J'ai mis ce papier au milieu, sans doute sans y penser autrement.

M. le Président : Quels étaient en France vos moyens d'existence?

Contrafatto : Deux cent, deux cent cinquante et quelquefois trois cents francs par mois. Je donnais des leçons d'italien.

M. le Président : Il parait que sous ce prétexte vous receviez chez vous des demoiselles qui y restaient assez long-temps. Les débats établirent ce point.

M. le Président : On a trouvé chez vous une lettre assez singulière et sur laquelle vous êtes appelé à donner une explication. Elle est écrite par une jeune personne, et se termine par ces mots : *Votre Amie*.

Contrafatto : Je ne connais pas la personne qui peut me l'avoir adressée. C'est sans doute une plaisanterie qu'on m'a faite pour me faire payer trois sous par la poste.

M. le Président : Voici cette lettre ; elle est datée : Le 11 juillet 1827, à minuit. « Vous aviez promis de » venir dimanche et vous n'êtes pas venu. Venez » jeudi à midi. Je vous attends. Si vous ne venez » pas, je vous prie de me faire une réponse de » suite. »

« Je vous salue d'amitié, votre amie. »

« J.....y. »

« *P S*. Ne la montrez à personne, je vous en » prie ; si vous ne venez pas, envoyez. »

M. le Président : Il est bien singulier que vous ayez reçu une pareille lettre. Elle est évidemment écrite par une femme. Son style est bien loin du respect qu'on doit employer avec un homme revêtu du sacerdoce.

Contrafatto : Vous pouvez lire cette lettre, monsieur, mais moi je n'ai pu la lire. Je ne connais rien à tout cela. Ce sont des plaisanteries que l'on fait à Paris pour faire payer trois sous.

M. le Président : S'il en était ainsi, vous auriez déchiré cette lettre avec mépris.

Contrafatto : Je l'avais mise dans une boîte pour quelques besoins.

M. le Président : On a également trouvé en votre domicile une note de dépenses. On y trouve certains articles qui ont besoin d'explications. Ainsi on voit : 1ᵉʳ. juillet 1827 : *Plaisir*, 17 francs. Plus bas : *Plaisir*, 10 francs. *Plaisir*, 7 francs. *Pour plaisir*, 40 fr. ; *Pour plaisir*, 70 francs.

Contrafatto : Ce n'était qu'un simple mémorial

pour des dépenses. En italien nous disons plaisir d'aller là, *per piacere andare Parigi, per piacere andare Versaglia*, etc. Ainsi je portais un voyage à Dieppe, à Reims, *per piacere andare Reims, Dieppe.*

M. le Président : Comment avez-vous fait un voyage à Dieppe, à Reims, puisque vous étiez employé dans une paroisse à jours et heures fixes?

Contrafatto : J'ai été visiter la cathédrale de Reims et Dieppe avant d'être attaché à l'église de Notre-Dame-de-Lorette.

M. le Président : Par quelle voiture y avez-vous été ?

Contrafatto : J'ai été avec des Anglais, avec M. Linch qui demeure à Londres, Georges-Street, n°. 12.

M. le Président : Vous n'aviez pas alors de dépense à faire. Il n'est pas probable qu'un Anglais riche vous emmenant dans sa voiture vous ait fait payer votre place. Il est résulté de l'instruction que vous rentriez presque tous les jours fort tard ; à une heure même fort avancée dans la nuit.

Contrafatto : Je ne suis rentré qu'une seule fois passé minuit. J'étais tous les jours au lit à dix heures. Tout ce qu'on a dit n'est qu'une suite des combinaisons de la méchanceté dans laquelle vous savez que je suis tombé.

M. le Président : Quand êtes-vous venu demeurer dans la maison rue Coquenard, n°. 9 ?

Contrafatto : C'est au mois de février. Toute la méchanceté qui m'entoure vient de la portière. J'ai été entraîné à causer avec elle par suite de la méchanceté de son industrie.

M. le Président : Vous donnerez plus tard ces explications. Vous connaissiez Mme. Le Bon et ses filles.

Contrafatto : Un jour que j'étais chez la portière,
elle me dit : «Vous connaissez ce petit garçon; eh bien !
c'est la fille de madame Le Bon : — Je ne la connais
pas. » Cette jeune fille avait alors les habillemens d'un
petit garçon. Elle dit alors (la petite): « J'aime mieux
ce monsieur pour mon mari que l'autre (en mon-
trant un vieux qui était là.) — C'est singulier qu'une
petite demoiselle parle comme cela. » Je monte chez
moi, et, en entrant, je laisse ma porte tout contre.
Je me mets à mon secrétaire et je lis un livre italien
de prédications, que j'avais apporté de Rome pour
exercer mon ministère. La petite ouvre la porte et
vient vers moi. Je lui dis : « Savez-vous lire? Elle me
répond que oui. Je lui montre plusieurs lettres qu'elle
me nomme. Je me lève, et, comme j'avais pris du café
le matin, je prends un petit morceau de sucre et le
lui donne. Sa sœur vient alors sans chapeau et en
jupon noir. Elle dit : Je cherche ma sœur. — Elle
est là, répondis-je. — Elle vient vous déranger. —
Non, mademoiselle, pas du tout. » Et sa sœur l'emmena.

M. le Président : Votre déclaration est en ce
point contraire à l'instruction qui constate que c'est
la portière qui, envoyée par la sœur de la jeune fille,
alla la chercher chez vous. Comment est-elle entrée
chez vous le 29 juillet?

Contrafatto : J'étais à mon secrétaire à lire, lorsque la petite ouvre la porte avec vivacité. Cette petite,
voyez-vous, a une manière de soutenir les choses que
n'a pas toujours une personne d'un âge fait. Elle entre
chez moi, et, voyant une armoire entr'ouverte, elle

regarde des fruits qui y étaient. Je lui dis : « Prends-en.» Elle a pris des prunes et s'est assise pour les manger sur une chaise qui était auprès de la cheminée. En-suite elle s'est en allée.

M. le Président : Elle a cependant déclaré qu'il y en avait une toute pourie. Si elle avait choisi elle-même, elle n'en aurait pas pris de mauvaise. Vous êtes d'ailleurs en contradiction avec un témoin qui vous a vu monter, la petite fille montant derrière vous. Vous lui parliez. Vous êtes entré en même temps dans la chambre. Vous avez dit dans vos pre-miers interrogatoires que la porte n'était pas ouverte ; mais que la petite fille l'avait ouverte en tournant la clef. Depuis qu'on a constaté par l'état de la serrure et son élévation que l'enfant ne pouvait ouvrir la porte, vous avez changé de système.

(M. le Président rappelle ici à l'accusé ce qui résulte des dépositions des médecins constatant l'état de ma-ladie de l'enfant, ainsi que les déclarations de cet en-fant, ses plaintes portées à sa mère, et les reproches que lui adressa cette dernière. Il ajoute : Qu'avez-vous fait le lendemain?)

Contrafatto : J'étais à mon secrétaire, lisant un li-vre italien. On frappe ; je dis «ouvrez»; on n'ouvre pas. Je vais à la porte avec mon livre à la main. Mme. Le Bon entre, et me dit mille choses que je ne puis rap-peler. Elle traite un pauvre ecclésiastique comme un scélérat. Si j'avais été coupable, je ne lui aurais pas dit de recourir à la justice. J'avais mon passe-port, j'aurais parti à l'instant pour l'étranger, j'aurais changé de quartier ; mais ma conscience ne me reprochait rien. Je suis innocent de tout ce qu'on m'impute.

M. le Président : Sur la plainte rendue contre vous,

vous avez été interrogé. Une instruction a eu lieu, et vous avez été mis en liberté. C'était le 4 août. Vous êtes retourné dans la maison, rue Coquenard, n°. 9. Cependant un avertissement vous avait été donné.

Contrafatto : Mon intention était aussi de quitter la maison. Mais je voulais changer de linge, puis je n'avais pas un liard chez moi et je n'étais pas d'humeur à coucher au milieu de la rue.

M. le Président : Le lendemain à onze heures, vous êtes descendu de votre chambre. Un témoin a déposé que votre attitude était assez légère ; vous descendîtes en chantonnant.

Contrafatto : C'est un vilain mensonge. Cela ne convient pas à un prêtre comme moi. La femme Le Bon m'a rencontré ; elle m'a attaqué avec les plus grands coups de pied et coups de poing sur la tête et sur le corps. J'ai failli en devenir la victime.

M. le Président : Il paraît, d'après l'instruction, qu'elle vous prit au collet et que vous l'avez repoussée d'un coup de poing sur l'épaule qui l'avait renversée par terre.

Contrafatto : Impossible. J'étais assailli de toutes parts, j'étais comme un agneau au milieu de loups dévorans.

M. le Président : Il résulte de l'instruction que la dame Le Bon s'est évanouie, et que par conséquent elle était hors d'état de se livrer envers vous à aucune violence.

Contrafatto : C'est là un esprit de parti. Elle m'a pourtant bien frappé à coups de pied et à coups de poing. N'étant pas satisfaite de la loi, elle a eu recours à des gens méchans pour détruire la religion publiquement en ma personne.

(15)

M. le Président : Quel intérêt pouvez-vous supposer à la dame Le Bon, pour avoir fait une fausse déposition ?

Contrafatto : Je ne connais rien. Je suis toujours dans mon innocence.

M. le Président : En admettant même que votre innocence ait été suffisamment proclamée alors, cette dame qui vous avait accusé, et à l'égard de laquelle vous étiez au moins coupable d'imprudence, pouvait être excusable dans ses actions. Une mère en pareille occurrence peut difficilement contenir son indignation. Vous voyez donc combien était sage le conseil d'un magistrat qui vous avait défendu de vous exposer en rentrant dans votre maison au profond ressentiment d'une mère.

Contrafatto avec feu : Ah ! monsieur, ne croyez pas l'accusation que porte la bouche du crime ; ne croyez pas l'œuvre de la méchanceté. Interrogez-les bien ; interrogez la sœur : elle vous dira qu'elle m'a vu tranquille, assis à mon secrétaire, la petite étant assise sur une chaise devant la cheminée.

M. le Président : Les débats vont s'ouvrir sur ce point ; vous vous défendrez. Mais si de ces débats résulte seulement contre vous un simple soupçon, comment voulez-vous qu'une mère ait pu retenir l'élan de son indignation ? Comment donc osiez-vous vous représenter dans cette maison, lorsqu'on vous avait donné le sage conseil de vous en éloigner ?

Contrafatto : Monsieur le président, Messieurs, pour croire une chose aussi abominable que celle-là, il faut voir avec les yeux, entendre avec les oreilles. Vous êtes des hommes de probité et de justice ; je ne suis qu'un pauvre étranger, loin de ma patrie, de mes parens, sans appui et sans secours. Je ne puis m'expliquer qu'avec difficulté ; mais l'innocence est dans mon cœur ; je me fie à Dieu, à la justice de MM. les juges, aux jurés et à la loi.

M. le Président, avec bonté : Nous ne désirons rien tant que la manifestation de la vérité. Tous nos efforts tendent à la découvrir, puisse-t-elle établir votre innocence !

Madame veuve Le Bon, partie civile, est entendue. Cette dame parle avec l'accent italien ; sa taille est élevée et ses traits sont nobles. Elle s'exprime avec beaucoup de calme et semble faire tous ses efforts pour maîtriser la vive émotion dont son cœur est rempli. Elle déclare se nommer Isabella Capuchalate de Morroni, veuve Le Bon, Sicilienne, âgée de 38 ans, demeurant rue Coquenard, n°. 9.

Elle rapporte les faits qui font la matière de l'accusation, les plaintes que la douleur arracha à sa jeune Hortense, les confidences qu'elle en reçut d'abord, les reproches qu'elle adressa à l'abbé Contrafatto, les menaces qu'elle lui fit de le dénoncer au grand aumônier de France et à M. le préfet de police, les questions qu'elle fit de nouveau à sa jeune fille, les réponses plus détaillées qu'elle en reçut et qui la convainquirent que l'attentat commis sur sa fille avait été poussé aussi loin qu'il était possible avec un enfant de 5 ans. Elle retrace ses inquiétudes sur la nature des suites de cet attentat, inquiétudes dont elle est aujourd'hui heureusement délivrée. Elle retrace les expressions naïves dont se servit la jeune victime pour lui déclarer les actes de brutalité commis envers elle.

M. le Président : Aviez-vous, antérieurement aux

faits dont vous avez parlé, eu quelques rapports de voisinage avec Contrafatto?

*M*ᵐᵉ. *Le Bon* : Jamais, monsieur. Je ne l'avais vu qu'une seule fois dans l'escalier.

M. le Président : Vous n'aviez pas de motifs de lui en vouloir?

*M*ᵐᵉ. *Le Bon* : Jamais, monsieur.

M. le Président à l'accusé : Qu'avez-vous à dire?

Contrafatto : Le premier devoir de la bonne éducation que doit donner une mère à ses enfans est de ne pas les laisser sortir. Cette enfant-là courait par toute la maison ; elle parlait d'une manière que je vous ai expliquée ; elle a peut-être voulu s'excuser. Elle a dit : c'est l'abbé. Je ne connais rien de ce qu'on veut m'imputer de cette noire calomnie.

M. le Président : Quand il y aurait eu imprudence de la part de la mère, cela ne vous excuserait pas ; ce n'est pas là répondre. Quels motifs d'animosité supposez-vous que *M*ᵐᵉ. Le Bon puisse avoir contre vous?

Contrafatto : C'est pour perpétuer le scandale contre la qualité sacerdotale. Bien des gens sont animés de haine et de vengeance contre un prêtre.

M. le Président : Vous avez, à ce qu'il paraît, une bien mauvaise idée des sentimens des Français. *M*ᵐᵉ. Le Bon est loin d'en avoir d'aussi coupables ; elle est catholique ; elle remplit tous les devoirs de la religion. Une de ses filles même a récemment fait sa première communion.

Contrafatto : Je ne connais rien à Paris. Je ne connais ni les mœurs, ni rien du tout. Si *M*ᵐᵉ. Le Bon m'en veut, c'est peut-être sur les rapports de sa fille.

Le premier témoin entendu est la petite Hortense Le Bon. Tous les yeux se portent avec un douloureux intérêt sur cette jeune enfant qu'un huissier amène par la main. Hortense est encore pâle, mais sa jolie petite figure a déjà repris l'air d'hilarité que donne à l'enfance une tranquille insouciance. Elle déclare se nommer Hortense Le Bon, être âgée de cinq ans.

M. le Président : Connaissez-vous l'accusé ?

L'enfant : C'est monsieur l'abbé.

M. le Président : Que savez-vous ?

L'enfant : J'ai été un jour pour jouer chez la blanchisseuse qui demeure au haut dans la maison de maman.

M. le Président : N'avez-vous été que là ?

L'enfant : M. l'abbé m'a tirée par le bras.

M. le Président : A-t-il parlé, a-t-il dit quelque chose?

L'enfant : Non, monsieur.

M. le Président : Quand il vous a eu tirée par le bras, a-t-il fermé sa porte ?

L'enfant : Oui, monsieur.

Sur les questions adressées par le respectable magistrat avec toute la réserve désirable en pareil cas, la petite fille raconte avec l'ingénuité de l'enfance les faits honteux dont, sur sa déposition, Contrafatto est accusé. Quoique dans cette première entrevue ces faits aient eu moins de gravité peut-être que dans la seconde, on ne peut s'empêcher d'un sentiment d'horreur et de réflexions bien pénibles en entendant la petite Hortense déclarer qu'elle lui disait qu'*il offensait le bon Dieu.*

M. le Président : Vous êtes bien jeune, ma petite; vous n'avez pas prêté serment, vous ne savez même pas ce que c'est qu'un serment; mais vous savez que ce serait bien mal de mentir : c'est là la plus forte manière d'offenser le bon Dieu.

L'enfant : Je ne mens pas, monsieur.

M. le Président : Ce serait bien mal. Voyons, dites-nous-le encore : est-ce bien vrai ?

L'enfant : Oui, monsieur.

La jeune Hortense raconte ensuite avec la même naïveté les détails plus repoussans encore de la seconde scène, de celle du 29 juillet. Elle dit que la première fois l'abbé lui donna du sucre, et la seconde fois des prunes.

M. le Président : Avez-vous parlé de tout cela à quelqu'un ?

L'enfant : Oui, monsieur, j'en avais parlé à la portière, à la blanchisseuse et à un grand monsieur.

M. le Président à l'accusé : Qu'avez-vous à dire ?

Contrafatto : J'ai à dire que tout cela n'est pas vrai ; c'est la seule raison de sa méchanceté ; faites de moi ce que vous voudrez. (L'accusé relève ensuite avec une minutieuse maladresse plusieurs points peu importans de la déclaration de l'enfant. Il accompagne ses explications de gestes fort animés et de citations latines.)

La Cour entend ensuite la déposition des trois sœurs d'Hortense. Leurs dépositions offrent peu de détails sur le crime en lui-même. Mᵐᵉ. Le Bon, dans sa sollicitude maternelle, ayant eu soin de n'interroger sa jeune fille qu'en leur absence, et les voisins ayant imité cette sage discrétion envers trois jeunes demoiselles dont la plus âgée compte à peine dix-huit ans.

M. le Président, après avoir reçu ces dépositions, ordonne, en vertu de son pouvoir discrétionnaire, que les demoiselles Le Bon seront placées pendant les débats dans la chambre du conseil, afin d'éviter à leur pudeur la douleur d'entendre des détails qui pourraient l'alarmer.

Les docteurs Sterling, Marjolin, Dubois, Pravaz et Guichard sont entendus sur l'état de maladie dans lequel s'est trouvée la jeune fille après le 29 juillet. Ils attribuent tous cet état au fait de l'accusé, avec d'autant plus de certitude qu'aucune indisposition de cette nature n'avait été antérieurement remarquée dans l'enfant.

Noutz, portier de la maison, rend compte des confidences que la jeune Hortense lui fit ainsi qu'à sa femme. Il lui dit qu'il ne fallait pas qu'elle retournât chez l'abbé.

M. le Président : Pourquoi n'avez-vous pas donné ces détails chez M. le juge d'instruction?

Noutz : Je les aurais bien donnés; mais comme je suis protestant, j'ai craint que monsieur ne crût que j'étais son ennemi; et puis je n'avais pas prêté serment, je ne croyais pas être obligé à dire toute la vérité.

M. le Président : Vous avez prêté serment, c'est constaté aux pièces.

Noutz : Je vous affirme que non.

M. le Président à l'accusé : Vous voyez que cette déposition est bien loin de respirer la passion. Cet homme est protestant, et déclare qu'en cette qualité il a craint de vous accuser de peur de passer pour votre ennemi.

Contrafatto soutient que le témoin lui en veut, qu'il lui a dit un jour les paroles les plus violentes et l'a fait pleurer.

Noutz : Monsieur descendait ses meubles sans l'aveu du propriétaire, j'ai voulu l'en empêcher. Il a voulu me frapper, je lui dis alors : « Vous êtes un faux, un menteur, un traître. »

M. le Président : Quelle était la réputation de Contrafatto ?

Noutz : Elle n'était pas trop bonne. Toute la journée il courait, il rentrait fort tard ; des femmes venaient chez lui. Il était maître de langues, mais je ne sais pas si c'était pour prendre des leçons. Elles restaient des deux et trois heures.

M. le Président : Entrait-t-il quelquefois dans votre loge, et y tenait-il des conversations déplacées ?

Noutz : Il disait quelquefois en voyant des femmes bien habillées : Quand vous êtes comme cela, vous valez 100 fr. de plus, 1,000 fr. de plus.

Contrafatto : Monsieur le Président, il faut pour juger un prêtre, voir avec les yeux, entendre avec les oreilles....

M. le Président : Ces faits sont-ils vrais ? En convenez-vous ?

Contrafatto : Je n'ai pas parlé de cela : J'ai dit toujours au peuple que le devoir du Chrétien était de payer ses ouvriers, et de ne faire de mal à personne. Quant au propos, c'est une chose que nous disons nous autres Italiens pour dire que, quand une femme est mieux habillée qu'à l'ordinaire, elle est plus riche. *Più ricca, non più bella.* Je voulais dire qu'elle était plus riche et non qu'elle était plus belle.

M. le Président : L'accusé rentrait-il souvent passé minuit ?

Noutz : Oh ! oui, plus de deux cents fois.

Contrafatto : Vous voyez le mensonge, je n'ai pas habité la maison deux cents fois.

(22)

M. le Président . Quelle était la réputation de madame Le Bon ?

Noutz : C'était une réputation fort honorée.

La femme Noutz, portière, dépose des mêmes faits que son mari. Elle déclare qu'elle n'osa pas prévenir madame Le Bon des faits que la jeune Hortense lui révéla, qu'elle se borna à avertir ses sœurs de ne plus la laisser aller chez l'abbé.

M. le Président : Pourquoi n'avez-vous pas dit tout cela chez le juge d'instruction?

La femme Noutz : On ne m'a pas fait prêter serment. Je ne voulais rien dire de peur de scandale. On m'a demandé très-peu de choses. J'ai même dit au juge que si je disais toute la vérité, j'en dirais bien plus long.

M. le Président : Si ce fait est vrai, il y a là une impardonnable légèreté.

L'accusé, reprend M. le président, était-il libre avec les dames?

La femme Noutz : Oui, monsieur, il faisait toujours des plaisanteries déplacées.

M. le Président : Venait-il souvent de jeunes dames chez lui?

La femme Noutz : Oui, monsieur, et elles restaient assez long-temps. Un jour j'allais chez lui à 7 heures du matin, et je m'aperçus que je gênais. Il y avait chez lui une jeune femme en déshabillé. Lorsque j'entrai, elle fit semblant de parler avec lui de leçons d'italien.

M. le Président, à l'accusé : Qu'avez-vous à dire?

Contrafatto : Nolite judicare et non judicabimini : qui malus est malum de altero cogitat.

M. le Président : Il ne s'agit pas de citer ici l'Écriture, il faut répondre.

Contrafatto : Tout cela est l'œuvre de la méchanceté.

M. le Président : Ne tenait-il pas avec les femmes des propos déplacés?

La femme Noutz : Il disait qu'il fallait bien boire, bien manger, bien prendre du plaisir.

Contrafatto : Certainement il faut manger et boire pour vivre.

M. le Président, au témoin : N'avez-vous pas été surprise de l'espèce de commission que vous donnait l'accusé pendant le carême?

La dame Noutz : Il mangeait de la viande en tout temps, et n'a jamais fait d'exception. Le Vendredi-Saint il fit acheter un pot au feu et des saucisses.

Contrafatto : C'est que j'étais malade par le changement de climat.

M. le Président : L'observation de pareils devoirs peut n'être pas une des choses les plus essentielles à la religion, mais c'est un devoir sacré pour un prêtre.

Contrafatto : J'étais malade, mon visage est pâle encore par le changement de climat.

M. le Président : Que ne retourniez-vous en Italie.

Contrafatto : Je ne pouvais pas m'en aller dans l'hiver.

M. le Président au témoin : N'avez-vous pas reçu dernièrement une visite? Racontez à la Cour ce qui s'est passé.

La femme Noutz : Un homme en mauvaise redingote, coiffé d'un chapeau rond, est venu il y a quelques jours. Il a demandé si c'était dans la maison que logeait le sacristain de la paroisse. Je lui ai dit que je ne le savais pas, et qu'il n'était pas croyable que

M. le curé, comme il le prétendait, eût dit qu'il y demeurait. Il m'a dit alors : « C'est ici que demeurait le prêtre Contrafatto? Ces personnes qui l'ont frappé, qui ont tant fait de scandale, c'est sans doute pour avoir de l'argent. — Pouvez-vous dire une chose comme celle-là? lui répondis-je. C'est l'innocent qui va bientôt passer pour le coupable ! Madame Le Bon est une femme très-honnête, très-respectable; si vous la connaissiez, vous ne parleriez pas d'elle ainsi. » Mademoiselle Émilie Le Bon était dans ce moment-là dans la loge; elle avait un panier au bras, et était appuyée sur le bois de mon lit. — « Si cette dame voulait de l'argent, continua ce monsieur, j'ai de quoi lui en donner. Je viens de la part de M. le curé. — Croyez, repris-je alors, que madame Le Bon ne tient pas à l'argent. Elle ne veut et ne demande que la justice. » Ce monsieur entra alors tout familièrement, et s'assit sur une chaise au pied de mon lit. Il dit : « Je vais aller trouver madame Le Bon, et j'apporte de l'argent. » Mademoiselle Émilie Le Bon prit alors la parole, et lui dit que sa mère ne recevait personne et qu'il pouvait garder son argent. Mon mari étant absent, je dis à cet homme : « Retirez-vous, avec vos manières insolentes... » M. Corrège, un des voisins, entendant disputer, sortit, et ayant pris connaissance de ce qui se passait, il dit à ce quidam : « Retirez-vous, et ne venez pas insulter madame Le Bon. »

M. le président lit au jury la déposition de la femme Noutz, faite devant M. le conseiller Agier, et dans laquelle sont consignés les faits qu'elle vient de rapporter. Persistez-vous, ajoute-t-il, à affirmer cette circonstance?

(25)

La femme Noutz : Je suis incapable de vous tromper.

Le sieur Noutz et la demoiselle Émilie Le Bon, étant rappelés, confirment la déposition de la femme Noutz.

Plusieurs témoins entendus ne rapportent aucun fait nouveau. La femme Laurent déclare que la petite Hortense, avant le 29 juillet, lui avait fait des confidences sur la conduite de l'abbé à son égard.

M. Dorniol, rentier, fut témoin de propos indécens tenus par l'accusé chez la portière. Ces propos me parurent si révoltans, dit-il, que je m'approchai de la fenêtre pour ne pas les entendre.

M. Corrège confirme par sa déclaration celle de la femme Noutz. Il dépose aussi des confidences que lui fit la petite fille avant le 29 juillet.

Clément D...ux, sacristain de la paroisse, déclare qu'il n'estimait pas l'accusé et qu'il avait perdu sa confiance, parce qu'étant allé un matin chez lui, il y avait vu une jeune personne en jupon blanc, en camisole, et qui s'était retirée à un geste du prêtre.

Contrafatto : C'est une voisine qui venait me demander l'heure. Je lui ai répondu avec un geste, parce que les Italiens ne parlent jamais sans faire de gestes.

M. le Président : On fait aussi des gestes quand on ne veut pas parler.......

A six heures, l'audition des témoins étant terminée, l'audience est suspendue jusqu'à huit heures.

A huit heures et demie l'audience est reprise ; au banc des avocats de la partie civile sont : MM. Charles Ledru, Lafargue, et Bautier (Adolphe).

La parole est donnée à Me. Ledru. Il s'exprime en ces termes :

« Messieurs les Jurés,

» Tout m'avertit de ne pas abuser de vos instans et de ceux de la cour dans une affaire qui déjà n'a que trop long-temps affligé vos âmes.

» Je laisserai donc à une voix plus forte que la mienne, le soin de développer les preuves accablantes que l'instruction et les débats ont réunies contre l'abbé Contrafatto.

» Avocat de madame Le Bon, je me bornerai à quelques réflexions rapides sur le système d'hypocrisie et de mensonge dans lequel il a cru devoir se renfermer. Sans doute vos consciences en ont déjà fait justice ; cependant les imputations sont graves et il est de mon devoir de protéger contre de lâches attaques, une femme qui a été l'objet de tant de haines et de calomnies, parce qu'au mépris des séductions et des menaces elle est restée inébranlable dans la voie du bien.

» Oui, Messieurs, tandis que confiante dans l'impartialité des magistrats, madame Le Bon se reposait sur eux du soin de venger son injure personnelle, et l'outrage fait à la société, on luttait contre elle avec d'autres armes que les lois, et par d'autres moyens que ceux de la justice.

» Je ne veux pas rechercher quels furent les auxiliaires de Contrafatto, il faut croire qu'ils se sont repentis de la protection qu'ils lui accordaient sans respect pour leur propre dignité.

» Grâce à leur zèle cependant, bientôt le scandale fut porté à son comble. Il n'était plus question de l'attentat commis sur Hortense, mais de quelque chose de plus horrible encore. Le crime de la rue Coquenard n'était qu'une fable odieuse inventée pour perdre un ministre des autels. Instrument d'une faction nombreuse, madame Le Bon avait ourdi contre le clergé cette trame infernale : derrière elle était un parti tout entier. En un mot, il n'y avait d'intérêt que pour le coupable, et d'indignation que contre la victime.

» L'effet fut tel, Messieurs, que des magistrats ne purent garantir leur conscience du piége que des mains habiles avaient tendu.

» Une instruction avait été ordonnée pour connaître les faits..... Le juge instructeur sembla craindre de calomnier la religion s'il remplissait son devoir sans faiblesse. Les témoins furent à peine entendus, et il est constaté qu'on ne daigna pas les assujettir à la formalité sainte du serment. Enfin, Messieurs, une puissante intrigue triompha de la justice elle-même, et, tandis que tant d'innocens attendent des mois entiers le terme d'une instruction toujours trop lente, Contrafatto, accusateur de la mère, après avoir été l'assassin de la fille, recouvrait sa liberté presque aussitôt qu'elle lui avait été ravie.

» Cependant, voyons quel était le fondement des soupçons qu'on osait faire planer sur la tête de ma cliente, et examinons le système que Contrafatto a reproduit si audacieusement à cette audience.

» Madame Le Bon veut le perdre, a-t-il dit sans cesse, et la jeune Hortense ne fait que répéter les leçons de sa mère.

» Madame Le Bon veut le perdre ! et dans quel intérêt, grand Dieu ?

» Est-ce pour obtenir quelqu'argent ? Mais de qui ? — De Contrafatto ! le malheureux, son insolvabilité est constante. Du pouvoir? Mais pouvait-elle penser que le pouvoir osât, en conspirant l'impunité de Contrafatto, accepter l'odieuse solidarité de son attentât?

» D'ailleurs, les faits parlent. Oui, ainsi que les témoins vous l'ont appris, on est venu auprès de madame Le Bon pour lui proposer d'étouffer, à prix d'argent, ses supplications à la justice. On a voulu acheter son silence : mais comment a été reçu par mademoiselle Émilie le courtier de Contrafatto ou de ses complices?

« Monsieur, ma mère demande justice, elle ne de- » mande pas d'argent : sortez...... . »

» Madame Le Bon aurait-elle conçu quelque haine violente contre l'accusé, à cause de sa qualité d'étranger? Car il faut examiner même ces suppositions absurdes.

» Mais elle-même est étrangère. Fille du duc de Capecellatro Morrone, nièce de l'archevêque de Tarente; si elle compte au nombre de ses parens les plus proches un des premiers généraux de notre armée, elle n'a conquis le titre de Française que par son union avec le brave colonel Le Bon.

» Enfin, serait-ce à sa double qualité de catholique et de prêtre que Contrafatto devrait une implacable persécution?

» Mais madame Le Bon est catholique : ses filles, élevées dans la maison royale de Saint-Denis, n'y ont pas puisé d'autres principes que ceux de la religion et de la morale la plus pure.

» Qu'importe? dit-on; c'est du scandale qu'elle voulait. Car, à quoi lui servait-il de revenir sur des faits qui devaient donner à la jeune Hortense une si triste célébrité? Le châtiment du coupable importait-il plus à madame Le Bon que l'honneur de sa fille?

» Ainsi, Messieurs, madame Le Bon, dont le nom était déjà l'objet de tous les entretiens, depuis que l'on avait vu des citoyens et des femmes réclamer vengeance au milieu des rues de cette capitale contre un crime qui échappait si scandaleusement à l'action de la loi ; madame Le Bon, que les lettres et les récits d'une puissance mystérieuse représentaient partout comme l'âme d'une conspiration impie ; madame Le Bon, que le seul fait de l'ordonnance de non - lieu semblait convaincre d'une calomnie sacrilége, devait se soumettre et laisser pour dot à ses filles les soupçons qui auraient pesé sur sa tête. Eh bien ! non : ce n'est pas ainsi qu'elle a cru devoir défendre l'honneur de la jeune Hortense, et tels ne sont pas les conseils qu'elle a reçus.

» Je crois l'avoir prouvé, madame Le Bon n'avait aucun intérêt à commettre le crime dont Contrafatto l'a perpétuellement accusée, et la fermeté de sa conduite n'a eu pour but que l'accomplissement du devoir le plus saint.

» Contrafatto insiste. Le terrain sur lequel il s'était jeté d'abord, fuit sous ses pas.... Pressé par M. le Président, lui-même a avoué qu'il ne concevait pas pourquoi Mme. Le Bon lui en voudrait. Qu'a-t-il dit alors? C'est l'enfant qui a tout inventé, et les dépositions mensongères d'Hortense ont trompé sa mère elle-même

» Examinons encore.

» C'est l'enfant qui a imaginé les faits qu'elle raconte avec une naïveté, une candeur, une vérité de détails qui ne s'est jamais démentie!

» Dans quel but son imagination perverse avant le temps aurait-elle donc conçu ces iniquités ? On ne voit pas même l'ombre d'un intérêt quelconque.

» Toutefois je veux que l'enfant ait eu intérêt à mentir, à calomnier Contrafatto. Qui lui a appris tout ce qu'elle a révélé ? L'accusé échappe à sa ridicule hypothèse en disant dans l'instruction que sans doute il y a un malin esprit caché dans la personne d'Hortense ; mais pour vous, Messieurs, qui ne croyez pas à cette intervention commode, je vous le demande, comment la pauvre Hortense aurait-elle parlé de ces dégoûtantes voluptés que ses yeux ont vues et que son esprit ne comprenait pas ? A l'âge de 5 ans, et dans cette heureuse ignorance qui se reconnaît à chaque mot du récit que vous avez entendu, pouvait-elle.... ? (Ici l'avocat rappelle les circonstances que la jeune Hortense a détaillées avec toute la naïveté de l'enfance.)

» Non, Messieurs, et j'ai trop d'avantage à répondre aux monstrueuses suppositions de Contrafatto.

Aussi a-t-il encore abandonné bientôt ce nouveau système, et a-t-il été forcé de revenir à ses imputations contre la mère. C'est elle qui aurait empoisonné à plaisir le cœur de sa fille, et celle-ci n'eût été que l'écho des horribles leçons qu'elle aurait reçues.

Ah ! Messieurs, Contrafatto est jugé par sa défense même : celui qui a commis le crime qu'on lui impute, a pu seul faire de pareilles réponses à une telle accusation. Malheureux ! la présence de sa victime ne l'a point ému, et il a voulu se venger d'une manière digne de lui, de tout le mal qu'il lui a fait !

Qu'il invoque à présent le sacré caractère dont il est revêtu, qu'il réponde à l'évidence en disant : « Je suis un ministre de Dieu, osez-vous bien accu-

» ser celui qui a prêché partout sa parole sainte? »
Vous ferez justice, comme elle le mérite, de cette
audacieuse hypocrisie.

» Non, Messieurs, la religion n'est pas solidaire
des crimes que peuvent commettre quelques-uns de
ses indignes apôtres. Si on n'eût pas méconnu cette
vérité du plus simple bon sens, nous n'aurions pas à
gémir de tous les scandales qui ont suivi la mise en
liberté du coupable. Il faut le redire sans cesse parce
que toujours on parait l'ignorer : ce que veut la religion,
c'est que chacun, fidèle à ses sermens, remplisse ses
devoirs avec loyauté, sans consulter d'autres conseils
que ceux qui sont écrits au fond de toutes les âmes.
Ce qu'elle veut encore, c'est que justice soit rendue à
chacun selon ses œuvres.

» Prêtres, magistrats, citoyens, tous sont égaux
devant la loi ; tous donc doivent être punis quand ils
l'ont enfreinte; et si le clergé songeait à réclamer
quelques priviléges, sans doute ce ne serait pas celui
qui assurerait l'impunité à Contrafatto ou à ses imi-
tateurs!

» J'en ai dit assez, Messieurs; je le répète, madame
Le Bon, n'a pas voulu accuser, elle s'est défendue :
c'était son devoir.

» Vous aussi, Messieurs, vous saurez remplir le
vôtre, et vous le ferez, je n'en doute pas, avec
cette fermeté, cette indépendance qui appartien-
nent à des hommes probes et libres. Les espé-
rances de Contrafatto seront déçues : il vous avait
mal jugés; ce n'est point parmi vous qu'il trouvera
de la faiblesse ou de la complaisance. Qu'il ne compte
même pas sur ce sentiment de pitié auquel vous
aimez à laisser ouvrir vos âmes ; car, dans cette cause,

ce n'est pas seulement son sort qui est entre vos mains : vous avez à choisir un coupable, entre lui et ma cliente.

» Si vous le jugez innocent, vous donnez la sanction de votre autorité aux horribles calomnies qu'on a répandues pour punir madame Le Bon de ce qu'elle n'a pas compris la religion, comme la comprend l'abbé Contrafatto. Vous la déclarez coupable devant le tribunal de l'opinion publique, d'un crime mille fois plus odieux que celui dont elle a été la victime.

» Messieurs, ce n'est point là ce que nous attendons de vous. Ah ! sans doute, votre décision ne saurait tarir les larmes auxquelles Contrafatto a condamné la vie de madame Le Bon. Il est des blessures qui ne se ferment jamais, et des infortunes dont le cœur d'une mère ne se console pas. Du moins, Messieurs, vous la vengerez de ceux qui se sont plu à insulter à ses douleurs : c'est la seule réparation qu'il lui soit permis d'espérer.

» Je me résume : Vous avez à trouver un coupable entre la mère vertueuse et le prêtre renégat... Choisissez. »

M. de Vaufreland, avocat-général, prend la parole.

« Messieurs, dit-il, déjà dans le cours de cette session vous avez été appelés à prononcer sur des attentats de la nature de celui dont nous vous demandons en ce moment la juste punition ; déjà vous avez été dans la triste nécessité d'entendre des enfans venir raconter devant la justice les actes infâmes exercés contre eux ; se servir, pour le faire, d'expressions qui, pour toujours, auraient dû être éloignées de leurs oreilles, comme de leurs cœurs. Déjà vous avez été dans la nécessité de prononcer sur le sort d'un homme assez corrompu pour ne pas craindre d'assouvir sa brutale passion sur une enfant qui était, par son âge, dans l'impossibilité de se défendre d'un danger dont elle n'avait pas connaissance. Mais, Messieurs, combien ce devoir si triste, cette nécessité si douloureuse, ne le deviennent-ils pas davantage, lorsque l'homme auquel on est en droit d'adresser de pareils reproches, est investi d'un caractère sacré, est choisi parmi ses semblables pour prêcher la parole de Dieu et enseigner aux autres les préceptes de la morale et de la religion ; lorsque vous voyez devant vous un homme auquel son caractère imposait le devoir de guider les autres par l'autorité de ses exemples, comme par l'autorité de ses paroles ! Cruels et trop justes reproches ! Entendons ces détails si tristes, donnés par les personnes habitant la même maison que lui, connaissant les habitudes de sa vie, la négligence coupable qu'il apportait dans l'accomplissement des devoirs de son état, le mépris qu'il affectait pour les commandemens de cette Église dont il est membre. N'avez-vous pas entendu un homme qui, vieilli dans le monde, paraissait ne pas se faire une idée bien sévère des devoirs de la morale, vous dire qu'il avait été forcé de s'éloigner pour ne pas entendre la conversation qui se passait entre le prêtre et les personnes présentes chez la portière ?

» Certes, Messieurs, de telles circonstances établies aux débats par des témoignages que n'ont pu détruire les dénégations de l'accusé, rendent très-vraisemblable l'action dont Contrafatto est accusé. Cette accusation, si elle s'adressait à un homme tenant, dans sa position, la conduite qu'il devrait tenir, on la repousserait comme indigne d'un prêtre, et tous les gens honnêtes refuseraient d'y ajouter foi.

» Nous ne pouvons vous dire, Messieurs, quelles étaient les habitudes, les relations de Contrafatto; nous ne pouvons que vous rappeler ce qui a été dit par une personne attachée à l'église de Notre-Dame-de-Lorette. Elle vous a fait part des soupçons qu'elle avait conçus.

» Avant d'entrer dans l'examen des faits que ces débats ont bien gravés dans vos souvenirs, je dois vous rappeler rapidement ce qui s'est passé pour que ces faits vinssent à la connaissance de la justice. »

M. l'avocat-général retrace ici avec une lumineuse précision les faits imputés à Contrafatto et résultant contre lui des déclarations formelles et réitérées de la jeune Hortense Le Bon. Quelle que soit la pudeur des expressions employées avec un rare talent par l'éloquent organe du ministère public, il faut jeter un voile sur ces affligeans détails. M. l'avocat-général retrace au jury les circonstances qui ont accompagné les deux attentats reprochés à l'accusé, les révélations faites une première fois à divers habitans de la maison par la jeune enfant, l'uniformité constante de ses déclarations sur ce point. Il croit devoir ici adresser des reproches aux individus qui, avertis par la jeune fille des actes criminels dont elle se plaignait, ont gardé le silence, au lieu d'avertir madame Le Bon. Il soutient avec les dépositions des témoins que Contrafatto ment lorsqu'il soutient que la jeune Hortense est venue volontairement chez lui le 29 juillet. «Quelque incertitude est restée aux débats sur le point de savoir si la jeune fille avait été tirée par le bras par Contrafatto, ou si elle serait entrée avec lui dans sa chambre. Ce qu'il y a de certain, c'est qu'elle n'y est pas entrée de son propre mouvement et pendant qu'il y était déjà, occupé, comme il l'a soutenu, à une lecture devant son secrétaire. Ces circonstances, au surplus, sont sans intérêt. Ce n'est pas là que repose l'accusation contre laquelle Contrafatto a à se défendre. Il peut y avoir eu quelques variations sur des circonstances tout-à-fait indifférentes au procès; des témoins ont pu se tromper sur certains points, il n'en résultera pour cela aucun doute sur les faits principaux de l'accusation. Sur ces faits, le langage des témoins a toujours été concordant, uniforme; jamais on n'a remarqué sur ces faits de variations dans leurs dépositions. « Vous avez pu voir, Messieurs, continue M. de Vaufreland, si les déclarations de la jeune Hortense respirent le mensonge, si elles peuvent lui avoir été dictées par une bouche étrangère. Vous avez pu voir si, reproduites aux débats, elles n'ont pas été la répétition fidèle de ce qu'elles avaient été dans l'instruction dirigée avec tant de soin et de scrupule par M. le conseiller Agier.

» Osera-t-on soutenir encore qu'un tel langage lui a été suggéré par sa mère? Si la victime ne dit pas ce qu'elle a vu, si elle ne dépose pas de ce qu'elle a réellement souffert, on sera donc réduit à prétendre qu'elle a ourdi cette trame mensongère. L'accusé prétend qu'il est la victime d'une calomnie. Il l'attribue à la haine, à l'animosité que la dame Le Bon a contre lui. Il dit que cette haine, cette animosité, ne date que de l'époque à laquelle la jeune fille s'est plainte à sa mère d'attentats exercés sur sa personne. Mais si cette haine, cette animosité ne date que de l'époque de l'accusation, elles n'ont donc pas été suggérées par elle. Madame Le Bon ne connaissait pas Contrafatto;

elle ne l'avait vu antérieurement qu'une seule fois, sur l'escalier; elle ne pouvait donc nourrir antérieurement contre lui aucun sentiment de haine ou d'animosité. Quel intérêt lui supposera-t-on donc dans cette accusation? Sera-ce un intérêt pécuniaire? Pour répondre à cela, il suffit d'examiner la position respective des deux parties. Rien dans la conduite de la dame Le Bon ne pourra faire croire qu'elle a voulu faire de sa plainte une spéculation. Les circonstances révélées dans la cause par les derniers témoins repoussent victorieusement une semblable supposition. Le langage d'Hortense Le Bon respire la vérité : il est impossible de s'expliquer avec plus de naïveté. La hardiesse dissolue des expressions qu'elle a répétées aurait fait venir la rougeur sur son front si elle n'était pure, si elle n'ignorait absolument la conséquence de ses paroles. »

M. l'avocat du Roi, après avoir retracé cette partie de la déposition de la jeune Hortense, rapprochée des dépositions des autres témoins entendus dans l'instruction et aux débats, continue :

« Il s'agit maintenant d'examiner, Messieurs, les caractères de l'accusation portée contre Contrafatto. Nous soutenons qu'il s'est rendu coupable d'un attentat à la pudeur, commis avec violence. Vous le savez , Messieurs, l'attentat à la pudeur commis sans violence est une action toujours répréhensible , toujours réprouvée par la morale ; mais la loi ne le punit que lorsqu'il a été commis avec violence. L'auteur d'un attentat à la pudeur, commis sans la circonstance essentielle de violence , demeurera impuni. Nous vous avons déjà démontré, par les paroles de cette jeune enfant, la vérité de l'accusation sur ce point, qu'il y a eu réellement attentat à la pudeur; nous soutenons qu'il résulte suffisamment de tous les élémens de la cause que cet attentat a eu lieu, et que la jeune Hortense Le Bon en a été la victime. Voyons maintenant si cet attentat a été accompagné des violences qui seules peuvent le rendre punissable par la loi. »

M. l'avocat-général examine ici ce qu'on doit raisonnablement entendre par violences. Il pense que le sens de ce mot ne doit pas être restreint à l'action physique de celui qui emploie la force pour arriver à son but. En vain, dira-t-on, la victime n'a pas crié, elle n'a pas résisté; l'accusé n'a pas eu besoin d'employer sa force. Mais quel est donc l'âge de l'enfant? On conçoit que l'usage de la force physique soit nécessaire quand il s'agit d'une enfant de douze, treize ou quatorze ans. La loi, dans le terme absolu de *violences*, a compris la violence morale. Ne résulte-t-elle pas suffisamment dans la cause, à l'égard de la jeune Hortense, de l'influence extrême qu'exerçait sur elle un homme plus âgé qu'elle, de cette crainte révérencielle que lui inspirait un homme revêtu du caractère de prêtre? Elle résulte même de cette circonstance établie dans la cause, que la famille de la dame Le Bon avait appris d'elle à révérer le sacerdoce. Les témoins vous ont parlé de ses principes, de sa piété. Ces principes, elle les avait inculqués à ses filles aînées; elle les inspirait également à la jeune Hortense, et lorsqu'un prêtre abusait contre elle de l'autorité de son âge et de son caractère, il est impossible qu'elle ait même songé à résister. A l'autorité de son âge se joignait la crainte révérencielle que sa qualité de prêtre ne pouvait manquer d'inspirer à cette jeune enfant.

Nous le répétons, elle ne pouvait même songer à résister. Elle n'avait d'autre volonté que celle de l'homme dont elle était la victime. Sous tous ces rapports, lors même qu'il n'y aurait pas eu, dans le fait, à reprocher à Contrafatto de violence physique, il y aurait eu violence morale. Mais déjà nous avons prouvé, en vous retraçant les faits dont s'appuie l'accusation, qu'il y a eu violence physique.

» Nous avons donc établi suffisamment, Messieurs, que Contrafatto s'est rendu coupable d'attentat à la pudeur ; ensuite que cet attentat a eu lieu à l'aide de violence : sous tous ces rapports, l'accusation a été justifiée. »

M. Vaufreland aborde ici la question médicale du procès. Il soutient avec les médecins entendus aux débats et dans l'instruction, que l'état de maladie de l'enfant était le résultat de l'attentat exercé sur lui; qu'il est impossible de l'attribuer à une cause antérieure et préexistante, puisqu'aucun symptôme d'indisposition ne s'était antérieurement manifesté dans cette jeune fille. La maladie dont elle est à peine guérie s'est développée après l'attentat dont elle a été la victime.

« Nous avons parcouru, dit en terminant M. l'avocat-général, tous les élémens de cette cause. Nous vous avons reproduit le récit fait par la jeune Hortence Lebon, nous vous avons développé les motifs qui nous font croire à la sincérité de ce récit. Nous avons examiné la gravité des faits. Nous avons prouvé que le caractère de ces faits est tel qu'il a été prévu et réprimé par la loi. Nous vous avons dit comment les dépositions des médecins, loin de détruire la déclaration de la jeune fille, n'ont fait que la confirmer.

Nous vous avons aussi rappelé quels étaient le caractère et les mœurs de l'accusé. Nous vous avons dit que les habitudes de Contrafatto n'étaient pas telles que devaient être celles d'un prêtre digne du caractère sacré dont il est revêtu, mais telles qu'on doit en supposer à un homme accusé d'un aussi grand forfait. En dédommagement de la douleur que doit éprouver le cœur maternel de Mme. Le Bon, nous vous retracerons le tableau qu'a présenté à cette audience la réunion de trois jeunes filles élevées par elle dans les règles de la morale et de l'innocence la plus parfaite, le soin pris par cette mère d'interroger sa jeune enfant, comme le devait faire une mère tendre, loin de tout témoin, loin de tout objet qui pouvait troubler la conscience de cette enfant et empêcher qu'elle ne communiquât les impressions qu'elle avait pu recevoir. Vous avez vu cette dame, Messieurs, amenée devant vous, non par la haine, non par le désir d'obtenir de l'argent, comme Contrafatto a voulu inutilement le soutenir, mais amenée par le désir d'obtenir justice, vengeance du plus grand crime qui puisse se commettre à l'égard d'une mère.

» Votre justice est désormais éclairée, Messieurs ; elle ne trompera pas notre attente, elle ne trompera pas l'attente de la société. La société réclame de vous justice. Un grand forfait a été commis, punissez-le ; le coupable est devant vous, et nous appelons sur sa tête les châtimens réservés à de pareils attentats. »

M^e. Saunière, avocat de Contrafatto, prend la parole en ces termes :

« Nous ne vivons plus à une époque où le clergé, s'empressant de soustraire à la vengeance des lois celui de ses membres qui s'était rendu coupable de quelque méfait, l'impunité levant une tête arrogante semblait outrager les droits de la société en affranchissant les accusés de toute justification... Non, sans doute, et l'Église a compris que nos mœurs éprouvaient le besoin de réformer de pareils abus. La religion ne peut être vénérée par un peuple qu'autant qu'il sera convaincu que ses ministres sont dignes du sacré caractère dont ils sont revêtus... Éloigner et punir les mauvais prêtres, tel est le vœu de l'universalité du clergé, parce qu'il tient à conserver le respect qui lui est dû... Mais au moins, et si malheureusement un ecclésiastique est accusé, qu'il jouisse pleinement des avantages qui sont accordés à tous les citoyens dans cette pénible situation ; qu'on lui accorde les mêmes égards jusqu'au jour où il devra rendre compte de sa conduite privée... ; que sa défense soit environnée du même respect...; en un mot, qu'on ne viole pas envers lui les droits de l'homme et du citoyen.

» Il ne faut pas se le dissimuler, Messieurs, la religion a perdu quelque chose de son crédit ; ce n'est pas ici le cas d'en rechercher la cause... Mais c'est à ce funeste résultat que l'on peut attribuer cette espèce d'empressement de la multitude à trouver un prêtre coupable dès qu'il est prévenu. Aveuglés par une passion haineuse, quelques individus regardent aussitôt comme réel, comme bien établi, le crime qu'on lui reproche, et la voix de l'innocence serait souvent étouffée, s'il n'existait pas des moyens de comprimer une malveillance malheureusement trop facile.

» Heureux donc, mille fois heureux celui qui, miraculeusement échappé des mains de quelques forcenés, éprouve la consolation de se présenter devant des hommes probes et justes appelés à le juger. Rassuré par les sentimens qui vous distinguent, il n'a pas même à redouter les dangers de la prévention qui l'accable au dehors, il sait que vous êtes pénétrés de vos devoirs, que l'impartialité sera votre unique guide ; que vous entendrez avec le même calme le langage du plaignant et la justification de l'accusé ; plein de confiance dans vos lumières, il est convaincu que nulle considération étrangère ne fera pencher la balance de votre justice, et que vos consciences prononceront suivant l'impression qu'elles auront reçue !

» Vous avez entendu des plaintes bien amères, des imputations bien graves et le désespoir d'une mère blessée dans ses plus chères affections. Vous avez eu sous les yeux la jeune victime qu'elle cherche à venger. La douleur de cette mère est mille fois louable ; mais elle a pris naissance dans une erreur ou dans une crainte trop promptement conçue.

» Examinons la vie de l'accusée, nous parlerons ensuite des faits qui lui sont imputés.

» Le crime sur lequel vous êtes appelés à prononcer est reproché à un étranger. Cet étranger, il faut dire ce qu'il a été, ce qu'il est encore, et vous serez alors plus à même d'apprécier sa conduite.

» Joseph Contrafatto est né à Piazza, en Sicile, en 1798. Il y reçut une instruction choisie ; ses parens consacrèrent à cette instruction le fruit de leurs économies, heureux dans leur pauvreté d'avoir assez fait pour le conduire à l'état ecclésiastique.

» Joseph Contrafatto s'y est distingué par ses prédications nombreuses. Il est porteur de plusieurs certificats qui vous feront apprécier toute la moralité de son caractère. Je vais traduire aussi exactement que possible quelques-uns de ces certificats (ici l'avocat traduit en effet sur le texte latin la plupart des pièces probantes). Il en résulte que l'accusé a rempli les fonctions de recteur dans l'église de Santa-Maria de Constantinople avec zèle, activité, dévotion et intelligence; qu'il a été regretté de ceux qui ont été les témoins de sa conduite pieuse, et que jamais il n'a encouru le blâme d'aucun de ses supérieurs. » Il lit ensuite différentes permissions qui lui ont été délivrées au nom du Saint-Père le Pape Léon XII par messieurs les cardinaux Naro et Guerrieri, pour bénir des couronnes, des croix, des médailles et des crucifix. Il lit encore une pièce d'où il résulterait qu'on lui avait promis le premier canonicat vacant dans l'église de Piazza, sa ville natale.

M°. Saunière reprend en ces termes : « Muni de ces certificats, Joseph Contrafatto arriva en France avec le désir d'en étudier les mœurs et le langage; ce désir est assez ordinaire à tous les Italiens; mais Contrafatto éprouvait d'autres besoins, et sa fortune ne lui permettant pas un séjour oisif dans la capitale de cette grande nation, il chercha dès lors à y exercer l'état ecclésiastique. Pour cela, il s'adressa d'abord à Monseigneur l'Archevêque de Paris. Celui-ci, édifié sans doute par les honorables certificats qui lui furent communiqués, n'hésita pas à lui accorder la permission de dire la messe et même de confesser : cette dernière faveur est difficilement accordée aux prêtres étrangers; leur moralité est préalablement examinée avec le soin le plus scrupuleux; et cependant il obtient des lettres qui lui donnent à cet égard les pouvoirs les plus étendus. Soutenu par les recommandations des premiers ecclésiastiques de Paris, il est accueilli chez madame la duchesse d'Ormesson pour y dire la messe; quelque temps après et comme elle fut obligée de s'absenter pour aller dans une de ses terres, l'abbé fut présenté chez mademoiselle Sauvan sous l'auspice de ces mêmes protecteurs; il y fut agréé, et nulle plainte n'échappa jamais de la bouche de cette vénérable dame, qui l'a d'ailleurs déclaré d'une manière bien précise devant M. le conseiller instructeur.

» Contrafatto ne disait sa messe que tous les dimanches dans la pension de mademoiselle Sauvan. Il sentit la nécessité de recourir à d'autres ressources, et bientôt il fut reçu dans l'église de Notre-Dame-de-Lorrette, où il officiait presque tous les jours ouvrables de la semaine.

» Ce fut dans ces circonstances et alors qu'il jouissait d'une tranquillité d'esprit que rien ne semblait devoir altérer, qu'il fut tout à coup l'objet d'une accusation inouïe. Un crime atroce lui fut imputé. Il en repoussa le soupçon avec horreur.

• Comment ce crime avait-il été connu? Une jeune fille de 5 ans, Hortense Le Bon, avait dit, avait répété partout les différentes circonstances de ce crime; les propos échappés à son enfance avaient été recueillis avec avidité, la prévention s'était formée, et cependant une première fois on avait gardé le silence... L'enfant se plaignit une seconde fois; l'indignation fut à son comble, rien ne put la maitriser, elle éclata contre l'abbé. Une plainte fut rendue par la mère d'Hortense, et bientôt il fut constitué prisonnier. Interrogé devant les premiers juges, il nia tout ce qui lui était imputé. Nul témoin ne venait corroborer la déposition de la jeune fille, et la chambre du conseil, ne trouvant pas dans les documens qui lui avaient été fournis des preuves suffisantes pour motiver un renvoi devant la chambre de mise en accusation, rendit une ordonnance de non-lieu en vertu de laquelle Joseph Contrafatto fut immédiatement mis en liberté.

» Sa présence dans les lieux où il avait été primitivement accusé excita d'abord quelque surprise et même quelque rumeur. L'effervescence des esprits se dirigea contre lui ; la mère de la jeune Hortense le rencontra, le saisit au collet en l'injuriant, en l'appelant *l'assassin de son enfant*. Ces paroles déterminèrent les spectateurs de cette scène déplorable, et bientôt Contrafatto fut assailli par des forcenés qui le mutilèrent après l'avoir trois fois terrassé dans la rue ; couvert de sang, et miraculeusement échappé des mains de la multitude, il se réfugia dans l'église, et ce fut dans ce lieu saint que l'autorité vint une seconde fois s'emparer de sa personne.

» On venait donc de violer à son égard la liberté individuelle, car on l'avait arrêté, on l'avait frappé, on l'avait meurtri sans avoir été témoin d'aucun délit, d'aucun crime. Le désespoir ou la fureur d'une mère avait suffi pour exciter contre lui des personnes qui n'avaient aucun droit d'en agir avec tant d'inhumanité. On respectait peu l'ordonnance de mise en liberté, et, mécontent de ce résultat, on voulait, sur le récit d'un crime consommé au moins depuis quatre jours, immoler celui qui avait été désigné comme en étant l'auteur.

» Enfin, Messieurs, la dame Le Bon rendit une seconde plainte plus circonstanciée, disait-elle, que la première, et la Cour royale de Paris crut devoir évoquer cette affaire, sur la clameur publique qui venait de se manifester. Un arrêt de cette même Cour ordonna qu'il serait fait un supplément d'instruction. Cette instruction fut dirigée par M. le conseiller Agier, et Contrafatto fut renvoyé devant la Cour d'Assises.

» Ici, Messieurs, j'éprouve le besoin de vous faire part d'une réflexion pénible. Contrafatto s'est pourvu en cassation contre les trois arrêts que je viens de citer. Son pourvoi a été formé un mercredi soir, et le lendemain, jeudi, il avait été jugé et rejeté à la cour de Cassation avant l'heure de midi, c'est-à-dire en moins de vingt-quatre heures. Il faut le dire, Messieurs, puisque le droit de la défense est sacré dans tous les pays, l'accusé a le droit de faire entendre ses plaintes. Et dans cette occasion, comment pourra-t-il se rendre compte de la précipitation qu'on a mise à rejeter son pourvoi? Son défenseur a pu connaître à peine les pièces du procès, il n'a eu que le temps de conseiller le pourvoi; il ne lui a pas été laissé même un seul jour pour réfléchir aux moyens de cassation dont il voulait se prévaloir; il n'a pu même ajouter à son pourvoi, que l'on a d'ailleurs reçu bien sèchement, un mémoire de cinq lignes. »

M. le Président : Nous ne pouvons souffrir que l'on attaque ainsi les décisions de la cour de Cassation; vous devez savoir que, lorsqu'elle est appelée à prononcer sur de pareils pourvois, elle ne peut l'admettre que dans trois cas :

Le premier, si le ministère public n'a pas été entendu;

Le deuxième, si le fait n'est pas qualifié crime par la loi ;

Le troisième, si l'arrêt n'a pas été signé par tous les juges présens.

M^e. Saunière : « Je professe le plus grand respect pour la cour de Cassation ; j'aurais souillé ma toge et ma bouche si j'avais pu manquer à ce sentiment. Je crois que la Cour suprême n'a agi dans cette circonstance avec précipitation que par un motif louable, par amour pour la justice. Mais peu importe la pureté de ce motif pour l'accusé, qui en a éprouvé un tort considérable. Mon observation n'a donc pu atteindre les intentions de la Cour suprême ; mon observation n'a porté que sur un fait que personne d'entre vous ne peut révoquer en doute, qui est de notoriété publique et qui serait d'ailleurs bien facile à vérifier ; ce fait a porté préjudice à Contrafatto en ce sens, qu'il ne s'agissait pas pour lui d'un pourvoi unique contre l'arrêt de renvoi, mais qu'il voulait aussi faire statuer sur l'illégalité de l'arrêt d'évocation, qui, d'après son opinion, devait être cassé, puisque déjà la chambre du conseil avait ordonné sa mise en liberté, et que la chambre de mise en accusation n'avait articulé aucun fait nouveau qui pût motiver une nouvelle arrestation.»

M°. Saunière déclare ensuite qu'il n'essayera pas de relever les contradictions qui sont résultées des témoignages produits à l'appui de la déclaration de la jeune Hortense Le Bon ; il n'accusera pas cette enfant de vouloir ici soutenir des mensonges ; il déclare en conséquence qu'il s'attachera moins à la discussion des faits qu'aux moyens légaux qui lui sont offerts par la cause et par la nature même des imputations adressées à l'abbé Contrafatto.

Peut-être (continue l'avocat) pourrait-on aplanir assez facilement la distance qui semble séparer l'accusation de la défense. Comment concevoir qu'une enfant de cinq ans puisse répéter avec assurance des choses qu'on lui aurait dictées ? Comment supposer , d'ailleurs, qu'une mère aurait fait à sa fille une aussi épouvantable leçon ? A Dieu ne plaise que j'essaie de répondre à de pareilles questions ; mon cœur en est affligé comme le vôtre , Messieurs , et la défense me commande , alors que je ne vois dans la cause d'autre preuve directe de la culpabilité , que la déclaration d'une enfant qui varie sur bien des circonstances ; la défense me commande , dis-je , de les expliquer suivant les conjectures que m'ont fournies les débats. Écoutez donc une explication qui n'est pas dénuée de vraisemblance : Madame veuve Le Bon aura fait la découverte du mal , qui ruinait la santé de sa plus jeune enfant; alarmée à l'aspect d'une maladie qu'elle a crue d'abord d'une nature contagieuse, elle aura pressé sa fille de toutes les questions que pouvait lui suggérer la sollicitude maternelle. Mon enfant, lui aura-t-elle demandé, serais-tu allée chez tel ou tel voisin? Quel est l'homme qui t'aurait souillée? Maman, aura répondu la jeune Hortense, je ne suis allée que chez M. l'abbé. — Que t'a-t-il fait? aurait-il....... Et se servant ici des expressions techniques qui pourraient caractériser les actes de brutalité que la mère soupçonnait, l'enfant qui, d'abord aurait nié tous ces détails, aurait fini par déclarer qu'ils existaient bien réellement. Recevant tous les jours des questions pressantes à cet égard, entendant toujours répéter les mêmes expressions, ne serait-il pas possible que la jeune Hortense persistât aujourd'hui dans un aveu qui ne lui aurait été arraché que par les effets de la crainte de sa mère? ne serait-il pas même plus rigoureusement possible que la mémoire de cette jeune enfant, ayant facilement reçu les impressions de ce récit, le prit enfin pour une réalité ?...... Ces considérations, je les abandonne à vos méditations, peut-être vous y arrêterez-vous dans l'intérêt de Contrafatto. Si la mère avait pu penser que la maladie de sa fille pouvait avoir des causes naturelles, ses alarmes auraient été moins vives, et la supposition funeste qu'elle fait n'aurait pas entraîné tant de funestes conséquences. »

M⁰. Saunière, examinant ici la question légale du procès, demande s'il est possible de déclarer qu'il y ait eu emploi de violence dans l'attentat reproché à Contrafatto. « Merlin, dit-il, définit ainsi la violence : Pour qu'il y ait violence dans le sens de la loi, il faut qu'elle ait été employée contre une personne et non contre un obstacle intermédiaire.

» Vous avez à rechercher, Messieurs, dans les circonstances du procès, si l'attentat à la pudeur, reproché à l'accusé, en supposant qu'il soit constant au procès, a été commis à l'aide de violence. Si cette violence n'a pas été absolument physique, si elle n'a pas été employée contre la personne, il n'y a pas violence dans le sens légal.

» La violence morale ne serait véritablement qu'une espèce de corruption. La violence physique n'est autre chose que le moyen employé pour vaincre la résistance opposée.

» Sans doute, Messieurs, en ayant recours à ce moyen, je suis loin de vouloir excuser l'action en elle-même, qui resterait imputable à l'accusé si vous le croyez coupable d'un attentat à la pudeur sans violence. Mais si le législateur a pu oublier de porter une peine contre l'homme reconnu coupable d'attentat à la pudeur sans violence, nous devons déplo-

.rer un pareil oubli, nous le déplorerons avec vous. Nous ferons des vœux pour que cette omission soit réparée; mais ce n'est pas à vous qu'il appartiendra de prendre le rôle de législateurs, et de dire qu'une violence morale, en supposant qu'elle existe, puisse être assimilée à une violence physique.

» Sans doute les conséquences de l'action imputée à l'accusé seront d'autant plus graves que le crime qu'il aura commis l'aura été par un ecclésiastique; cette considération, Messieurs, ne doit vous rendre que plus circonspects à son égard.

» La violence, je le répète, suppose l'emploi d'une force employée pour vaincre un obstacle : dans cette session même, dans l'affaire qui vous a été citée par M. l'avocat-général, ce magistrat se prévalait de cette circonstance, que l'accusé avait fermé la bouche de sa victime pour étouffer ses cris. Sans doute la résistance opposée était bien faible si on la compare aux forces de l'accusé; mais elle suffisait au moins pour caractériser la violence. Rien de cela ne se montre dans l'affaire qui vous est soumise. Il est impossible, en admettant qu'il y ait eu attentat à la pudeur, de déclarer qu'il ait eu lieu à l'aide de violence. »

Mᵉ. Saunière s'apprête ici à citer un exemple récent qu'il veut invoquer à l'appui de ses argumens. Il parle d'un arrêt rendu par la Cour d'Assises du Bas-Rhin.

M. le Président : Cette affaire n'a rien de commun avec votre cause. Vous savez d'ailleurs que, Messieurs les jurés se décidant toujours par l'impression que produisent sur eux les faits dont la connaissance leur est donnée par les débats, on ne peut invoquer devant eux une jurisprudence résultante de leurs décisions.

M^e. Saunière, abandonnant ce moyen, termine ainsi sa plaidoirie.

« On aurait pu s'attendre à ce que, dans le cours de ces tristes et déplorables débats, je vous eusse fait entrevoir le danger de la condamnation, en vous présentant la religion, presque abandonnée, en proie à la malignité des infidèles ; l'impiété prenant une nouvelle force dans la flétrissure d'un ministre des autels, et les esprits avides de scandale s'applaudissant de la réalité d'un crime qui porterait atteinte aux plus saintes croyances : mais ce n'est pas à des considérations de cette nature que l'abbé Contrafatto veut devoir son acquittement... Si vous êtes convaincus,... punissez, frappez l'ecclésiastique comme vous puniriez, comme vous frapperiez un autre citoyen... Je vous dirai seulement : Méfiez-vous de l'accusation qui n'a pour base que la déclaration d'un enfant ; gardez-vous de vous laisser entraîner trop facilement à l'intérêt que semblent commander les larmes d'une mère ; étudiez sa douleur ; si elle est vraie, s'il existe un coupable, cette mère infortunée est bien digne de toute notre pitié ; nous devons déplorer le sort de la jeune victime qu'elle a conduite dans ce sanctuaire et qui vous a parlé de ses malheurs... Mais alors, et en admettant cette première vérité, que l'atrocité du crime n'entraîne pas trop facilement vos consciences en les remplissant d'une indignation que vous ne pourriez maîtriser ; cherchez le véritable coupable, et jugez si, même alors, Contrafatto pourrait ne pas être innocent. Si au contraire cette douleur n'a été que le fruit d'une crainte bien naturelle au cœur d'une mère; si, effrayée par la pensée d'un attentat mille fois odieux, elle a arraché des aveux à l'enfance timorée par des questions pressantes, a ors, Messieurs, jetez un œil de compassion sur le sort de ce malheureux étranger qui, loin de sa terre natale, est ici, sans amis, sans famille, sans appui, livré à toutes les rigueurs de la plus pressante nécessité... Eh! que deviendra-t-il, même après que son innocence aura été proclamée? n'est-il pas déjà la victime d'une odieuse prévention? pourra-t-il jamais s'y soustraire? et votre éclatante justice parviendra-t-elle à faire disparaître toutes les traces empoisonnées que la calomnie a attachées à ses pas? Quelle est la terre hospitalière qui voudra l'accueillir?.. il n'en est aucune .. Mais il reverra sa patrie!... Ses concitoyens, ses anciens amis, son vieux père, le consoleront des persécutions auxquelles il aura échappé, et son âme tranquille y jouira paisiblement de la pureté qu'elle n'a jamais perdue... car elle ne fut souillée d'aucun crime. »

M. l'avocat-général de Vaufreland : « C'est avec raison, Messieurs, que M. le président a rappelé au défenseur que vous venez d'entendre, qu'il n'était pas possible d'exciper devant une Cour d'Assises d'une décision rendue par une autre Cour d'Assises. Une application à ce principe naît de la plaidoirie du défenseur. Il vient en effet de rappeler une affaire jugée par vous dans le cours de cette session, et il a dit que dans cette affaire il y avait eu violence physique, et que le ministère public s'était fondé sur cette violence physique pour demander au jury la condamnation de l'accusé. Dans cette affaire, nous avons en effet soutenu qu'il y avait eu violences physiques. Nous avons

également soutenu qu'indépendamment de ces violences physiques, il y avait eu également de la part
de l'accusé violence morale. Il s'agissait dans cette affaire d'un enfant plus âgé, d'un enfant âgé de sept à
huit ans. Certes, deux ou trois années à cet âge opè-
rent une grande révolution et dans les facultés et dans
la volonté.

» Où il y a consentement il n'y a pas violence ;
mais il y a violence quand il n'y a pas consentement.
Il y a également violence quand il n'y a pas possibi-
lité de consentement. C'est par suite de ces réflexions
qu'il est facile de concevoir qu'avec le système qu'on
vient d'invoquer, il ne pourrait jamais y avoir violence exercée lorsqu'il s'agit d'enfans aussi jeunes que
celui dont nous nous occupons en ce moment. D'horribles attentats consommés envers ces enfans ne pourraient jamais être punis. La loi n'a pu le vouloir ainsi.
La loi n'a pas spécifié, en parlant de violence, que
cette violence serait de telle ou telle espèce. Elle n'a
pas fait de distinction. Il n'y a donc que subtilité dans
le système de défense qu'on vous a plaidé. C'est à vous
à l'apprécier, c'est à votre sagesse, à votre amour
éclairé pour la justice à déclarer s'il y a eu violence
exercée. Du moment où vous aurez reconnu qu'elle
existe dans la cause, sans vous laisser égarer par
les subtilités de la discussion, par des arguties indignes de la solennité d'une telle audience, de la gravité de tels débats, vous accomplirez dans votre âme
et conscience le devoir qui vous est imposé; nous ne
pouvons douter un seul instant du résultat de votre
délibération.»

M°. Saunière : « Je ne m'attendais pas de la part du
ministère public à une réplique aussi vive. Je dois y

(53)

répondre dans l'intérêt de l'accusé. Son sort m'intéresse d'autant plus que le danger est plus imminent
pour lui par la force même de l'éloquence de son
accusateur. J'avais eu la discrétion de m'arrêter au
moment où je voulais vous parler de la décision rendue par la Cour d'Assises du Bas-Rhin. Peut-être
aurait-on dû m'en savoir quelque gré. Je ne voulais
pas m'en prévaloir comme d'une jurisprudence constante, je ne voulais m'en servir que comme d'un
antécédent qui pouvait prouver à vos esprits que des
hommes éclairés avaient interprété la loi dans le sens,
que je lui donnais, et vous amener à croire que vous
pouviez l'interpréter dans le même sens sans compromettre vos consciences. »

Me. Saunière reproduit ici avec une nouvelle force
ses premiers argumens. « Si vous ne pensez pas qu'il s'est
rendu coupable, dit-il ensuite, vous prononcerez son
acquittement. Si vous pensez qu'il s'est rendu coupable
d'un attentat à la pudeur sans violence, vous répondrez
négativement sur les questions de violence. Dans ce
dernier cas, il ne pourra être qu'absous. Vous ne
l'aurez pas moins flétri d'une réprobation méritée,
et vous aurez donné à la mère de la jeune Hortense
la satisfaction qu'elle réclame ».

M. le Président : Contrafatto, avez-vous quelque
chose à ajouter à votre défense?

Contrafatto : J'entends des personnes qui parlent
d'ici et de là; ces paroles me brûlent mon cœur.
Voilà des hommes pleins de talent et de probité.
Mon cœur va justifier mon innocence. Des témoins
n'existent pas; personne ne dit la vérité. Un enfant
vient accuser un homme; on cherche à détruire pour
toujours ce cœur qui ne palpite que pour le bien. Et

vous, je vous en prie, ne vous laissez pas égarer par le schisme de la philosophie moderne qui contraste avec la religion. Je n'ai pas de haine et j'ai peine à m'expliquer. Le bon Dieu connait mon innocence. Je pardonne à mes ennemis, et je m'abandonne à la justice des jurés et de tout le monde.

M. le président Montmerqué, qui avait constamment dirigé les débats avec une sage et indépendante impartialité, présente son résumé, qui a duré plus d'une heure, et dont les expressions, pleines de mesure, de force et de pudeur, n'ont pas un seul instant, au milieu de tant de détails obscènes, blessé les oreilles les plus délicates :

« Messieurs, a dit ce magistrat, en assistant à ces débats, vous avez sans doute été comme nous saisis d'une double anxiété. La religion aura-t-elle à gémir sur des désordres inouïs dont un de ses ministres se serait rendu coupable? Un prêtre élevé sur les degrés de l'autel, offrant chaque jour à Dieu le plus divin sacrifice, aurait-il oublié tous les sentimens qui doivent exister dans le cœur d'un homme revêtu du sacerdoce? Que disons-nous, Messieurs! aurait-il foulé aux pieds les premiers principes, non-seulement du chrétien, mais encore de l'homme sorti des mains de la nature, avant que le mystère de la rédemption ait été accompli? Ou bien, Messieurs, un enfant de cinq ans aurait-il pu inventer des horreurs que souvent on arrive à la fin de la vie sans avoir connues? Disons quelque chose de plus : serait-il possible que, par des conseils que je ne saurais qualifier, une mère de famille eût osé glisser dans l'esprit de sa fille des pensées qu'à peine sa raison pourrait concevoir? C'est là, Messieurs, le terrible problème que vous avez à démêler et à résoudre. »

Suivant l'accusé à Paris, M. le président reproduit tous les renseignemens que les débats ont pu fournir sur sa conduite dans cette ville. Il le montre se faisant un jouet de tous les principes que son caractère lui imposait le devoir de respecter. « Vous avez, dit ce magistrat, entendu le portier et la portière de la maison. Ces témoins, contre lesquels on s'est élevé avec tant de force, sont, à entendre l'accusé, des ennemis qui lui en veulent, qui cherchent à le perdre. Et cependant vous avez vu quelle a été la conduite de ces témoins. Ils sont appelés devant un juge d'instruction. Ils vous ont déclaré que devant ce magistrat, par une erreur que nous ne savons comment expliquer, on aurait omis de leur faire prêter serment de dire la vérité, toute la vérité. Et ils profitent de cette omission pour ne pas dire tout ce qu'ils savent. « Je suis protestant, » vous a dit le portier, M. Contrafatto aurait pu croire » qu'en cette qualité j'étais son ennemi. Cela a été pour » moi un motif de me tenir en réserve, de ne pas dire » tout ce que je savais. » Est-ce là, Messieurs, continue M. de Montmerqué, la conduite d'un témoin qui veut perdre un accusé? »

M. le président rappelle ici les antécédens de Contrafatto. Après avoir reçu des lettres de prêtrise, il alla à Rome, où il semble avoir été placé d'une manière avantageuse, si l'on en juge par les certificats qu'il a reçus des autorités ecclésiastiques de Rome. Il était recteur attaché à l'église de *Santa-Maria* de Constantinople. Cependant le désir de voir Paris, une vaine curiosité, si l'on l'en croit, le déterminent à quitter cette place. M. le président fait ressortir tout ce qu'une semblable conduite a de surprenant. Il reste sur ce point de la cause une grande obscurité.

M. le président rappelle ici divers renseignemens de moralité révélés par les débats. Contrafatto ne se conformait pas aux règles de l'église. Le Vendredi-Saint, il mangea du bœuf et des saucisses. Les propos qu'il adressait quelquefois chez la portière aux femmes qui passaient, étaient d'une indécence révoltante. Il rentrait rarement avant minuit, souvent plus tard ; c'était de tous les locataires celui qui rentrait le plus tard. Quelles étaient ses sociétés, ses liaisons? On a vainement cherché à le savoir. Des femmes venaient souvent chez lui sous prétexte d'apprendre la langue italienne, et y restaient enfermées dans sa chambre pendant plusieurs heures. Le sacristain de la paroisse de Notre-Dame-de-Lorette a déclaré avoir vu chez Contrafatto, un matin à sept heures, une jeune femme vêtue comme quelqu'un de la maison, et se retirant à un signe de l'abbé. Ce sacristain, qu'on ne peut supposer animé de mauvaises intentions envers l'accusé, a déclaré avoir conçu de lui une très-mauvaise idée. Il a ajouté que les ecclésiastiques respectables attachés à la paroisse voyaient d'un mauvais œil la conduite de l'accusé, qui était loin d'être d'accord avec les principes sévères de son ministère.

« Par une déplorable fatalité, continue M. le président, Contrafatto s'était logé dans une maison habitée par une famille respectable. Madame Le Bon était restée veuve avec quatre demoiselles, de l'éducation desquelles elle s'occupe uniquement. Vous avez vu paraître ces demoiselles à cette audience. Leur extérieur décent commande le respect, et tout annonce la bonne éducation qu'elles ont reçue de leur mère. Madame Le Bon avait encore une fille âgée de cinq ans. »

M. le président retrace ici les faits de l'accusation, le récit si naïf de la jeune enfant, ses confidences faites, avant le dernier attentat dont elle fut la victime, au portier, à la portière, à une voisine, à un officier supérieur logeant dans la maison. Il oppose à ces preuves si précises, si concordantes, les dénégations de l'accusé, ses protestations détruites par toutes les preuves résultant des débats.

« Cette affaire, ajoute M. de Montmerqué, fut portée devant le tribunal de première instance. Y a-t-il eu négligence dans l'instruction qui a eu lieu? A-t-on omis la formalité si essentielle du serment? Les procès verbaux constatent, il est vrai, que les sermens ont été prêtés. Cependant tous les témoins ont affirmé que le serment ne leur avait pas été demandé. Ils ont dit qu'alors ils ne s'étaient pas crus liés; que leur déclaration s'était bornée à une simple conversation ; et que, loin de déclarer ce qu'ils avaient su, ils se sont bornés à répondre aux questions qui leur étaient adressées. L'instruction première, on ne saurait se le dissimuler, a été faite avec une extrême légèreté.

» C'est un grand malheur, Messieurs, dit M. le président en terminant, de voir celui que la religion a revêtu de pouvoir pour diriger les autres, accusé d'un crime épouvantable. Nous le savons tous, Messieurs, il faut que la religion soit respectée, que ses ministres soient entourés de respect. Mais il faut que leur conduite, en harmonie avec leurs fonctions, les en rende dignes. Loin de nous, Messieurs, la pensée de porter à l'avance un jugement sur cette déplorable affaire. C'est à vous qu'il appartient de prononcer. Nous devons seulement vous faire sentir combien la décision que vous allez rendre est importante, et quel soin, quelle attention vous devez apporter dans votre délibération. »

A minuit, le jury est entré dans la chambre des délibérations. Un quart d'heure après, il est rentré en séance et a déclaré Contrafatto coupable d'attentat à la pudeur commis avec violences.

La Cour, en conséquence, a condamné Joseph Contrafatto aux travaux forcés à perpétuité et à la flétrissure des lettres **T. P.**

Contrafatto a entendu cet arrêt dans un stupide abattement.

Après le prononcé de l'arrêt, M. le président a dit :

« Contrafatto, vous avez commis un des plus grands crimes dont puisse se rendre coupable un ministre de la religion. Vous avez abusé de la confiance qu'inspirait votre ministère pour vous livrer, vis-à-vis d'un enfant, aux plus révoltantes brutalités. Rentrez en vous-même. Le seul moyen d'expier votre faute et de diminuer l'horreur qu'elle inspire, c'est d'en faire l'aveu. Cet aveu peut seul vous mériter quelqu'intérêt, et peut-être appeler sur vous la clémence royale ; et, vous le savez aussi bien que nous, c'est cet aveu seul qui peut vous faire rentrer en grâce avec Dieu !... Vous avez trois jours pour vous pourvoir en cassation. »

Contrafatto garde le silence, et suit brusquement les gendarmes qui l'emmènent hors de la salle.

COUR D'ASSISES DU BAS-RHIN

(STRASBOURG).

Audience du 12 juillet 1827.

AFFAIRE SIEFFRID.

Présidence de m. Golbéry.

Depuis quelque temps, on ne s'occupait en Alsace que de l'affaire du curé de Benfeld (arrondissement de Schelestadt); le bruit en avait même été porté au loin. On attendait avec impatience les débats d'une cause criminelle, heureusement fort rare, et peut-être unique, quant au caractère de l'accusé et à la nature des faits. Cette cause avait été fixée au 12 juillet; mais ceux dont elle excitait la vive curiosité prévoyaient d'avance que les débats ne seraient point publics.

Cependant la foule assiégeait de bonne heure le Palais-de-Justice. On était avide de contempler les traits de l'accusé, comme cela arrive toujours dans les causes marquantes. Le plus grand nombre ignorait que Sieffrid avait habité Strasbourg, et qu'il y avait été (outre ses fonctions de prêtre) instructeur pour la religion dans un pensionnat de demoiselles, dont l'institutrice est maintenant décédée. Sa figure est commune; il est vêtu d'une redingote noire, et s'assied, dans l'enceinte réservée aux accusés, sur le banc le plus près de son défenseur, dont la robe le cache à moitié. Lorsque, après le tirage des jurés, les portes sont ouvertes au public qui se précipite dans la salle, l'accusé s'écrie, en s'adressant à son défenseur et à quelques avocats placés près de lui : *Mais, Messieurs, je croyais que cela serait à huis-clos !* On lui fait comprendre qu'il faut d'abord procéder ainsi. Du reste, son maintien est assuré, et il répond, sans le moindre embarras, aux questions d'usage.

Le greffier avait achevé la lecture de l'arrêt de renvoi, et, au moment où il se dispose à lire l'acte d'accusation, M. Gérard, procureur du roi, demande la parole et requiert que cette lecture et les débats aient lieu à huis-clos.

La Cour se retire pour en délibérer, et, un instant après, M. le président de Golbéry prononce l'arrêt suivant :

Vu l'article 64 de la Charte constitutionnelle;

Attendu que de l'examen des faits imputés à l'accusé il résulte qu'ils donneront lieu à des détails scandaleux, etc. ;

La Cour ordonne que les débats auront lieu à huis-clos et qu'en conséquence on fera évacuer la salle; elle excepte de cette mesure les avocats en robe, et ceux de MM. les jurés de la liste des trente qui ne siégent point dans l'affaire, et qui voudront y assister.

Les huissiers et les gendarmes font sortir le public, et des sentinelles sont placées pour empêcher les cu-

rieux d'écouter aux portes ou d'approcher des fenêtres.
(La salle est au rez-de-chaussée.)

M. le président donne également l'ordre à un gendarme, lorsque les témoins seront dans leurs salles,
de s'y placer et de les empêcher de causer de l'affaire
entre eux; il y en a vingt-huit à charge et autant à
décharge. Dès le matin, ces témoins avaient attiré les
regards dans la cour du Palais, où ils attendaient l'ouverture de l'audience; on cherchait des yeux les jeunes
filles que l'accusation présentait comme les innocentes
victimes des attentats du curé Sieffrid. Elles sont au
nombre de huit. La plus âgée a 15 ans; les autres ont
12 ou 13 ans. Excepté une ou deux de ces enfans,
elles n'ont rien, dans les traits du visage, qui soit re-
marquable; il y en a même d'assez peu favorisées par la
nature.

L'audience a été suspendue à onze heures et demie
du soir, et continuée au lendemain à sept heures.

A deux heures moins un quart, les débats sont ter-
minés, et le public est admis dans la salle. L'accusé se
dérobe aux regards en tenant un mouchoir devant sa
figure.

Lorsqu'avec assez de peine on est parvenu à ramener
le calme de l'audience, que l'entrée de la foule avait
nécessairement troublé, M. le président fait son résumé, et commence à peu près en ces termes :

« Messieurs, les lois les plus saintes ont-elles été
» violées par celui dont le devoir était de les enseigner?
» l'enfance a-t-elle été flétrie, l'innocence a-t-elle péri
» par le fait d'un ministre chargé de la protéger?
» Ou bien le pasteur, que de longues années de vertu
» avaient placé dans ce poste honorable, en a-t-il été

» arraché par la méchanceté la plus insigne? Le par-
» jure l'aurait-il conduit sur le banc où l'on ne voit
» que d'ordinaire les plus grands coupables?»

M. le président annonce qu'il n'entrera point dans le détail des faits imputés à l'accusé, et qui sont au nombre de huit : cette réserve lui est commandée par la présence du public qui a dû être admis immédiatement après les débats. Il espère, toutefois, que ces faits et leurs moindres circonstances ne seront point sortis de la mémoire des jurés. L'honorable magistrat se borne donc à rappeler succinctement ce qui a été dit par l'accusation et la défense sur l'existence de chaque fait, mais sans l'indiquer autrement que par *le numéro* qu'il occupe dans la série générale.

Passant au caractère du crime, M. le président résume les moyens qui, de la part du ministère public, doivent le faire considérer comme établi, et qui consistent principalement à admettre une *violence morale* résultant de la position du curé envers ses jeunes pénitentes, tandis que, dans le système de la défense, c'est une violence *physique* qu'exige la loi pour qu'il y ait attentat à la pudeur avec violence.

M. le président rappelle ensuite une discussion de droit qui, pendant l'audience à huis-clos, a eu lieu sur une question qui sera posée en vertu d'un arrêt de la Cour, et qui a pour but d'établir si les faits reprochés au curé Sieffrid n'ont pas au moins les caractères de l'excitation à la corruption prévue par l'art. 334 du Code pénal. L'accusation trouve ces caractères dans les questions que faisait le curé aux jeunes filles qu'il retenait chez lui ou qu'il entendait au confessionnal, et dans l'exemple dont il faisait suivre ses questions ; le ministère public trouve encore l'habitude (un des caractères constitutifs de ce délit) dans la multiplicité des faits. La défense, au contraire, soutient que, quelque blâmables, quelque méprisables même que soient les actions imputées, elles n'ont point les caractères de ce délit.

M. le président de Golbéry, s'occupant ensuite de considérations générales invoquées par la défense, se livre à des réflexions très-remarquables; nous nous faisons un devoir de les rapporter littéralement :

« J'entends parler de considérations générales. Les
» ennemis de la religion, dit-on, sont avides de scan-
» dale; ils feront tourner à son préjudice la condam-
» nation prononcée contre un de ses ministres, et la
» décision, que vous allez rendre, au lieu de réparer
» le mal, va le porter à son comble... Quel est donc,
» Messieurs, ce langage étrange? Êtes-vous les maî-
» tres ou les appréciateurs d'un fait? Et se pourrait-il,
» quand vous avez la conviction de son existence, que
» la vérité ne fût pas déclarée par vous? Quoi! la plus
» sainte, la plus auguste des religions aurait besoin
» de douze parjures pour éloigner la condamnation
» d'un de ses ministres! Vaines et lâches terreurs!
» Si vous avez acquis la conviction que Joseph Sieffrid
» est coupable, n'hésitez pas à le dire, Messieurs. Où
» est donc l'inique exception qui pourrait le soustraire
» à un châtiment mérité? Invoquerait-on pour lui
» l'habit dont il est revêtu, le corps respectable au-
» quel il appartient, l'atteinte qu'en souffrirait l'hon-
» neur de ce corps?

» Nos prêtres ont droit à nos respects, parce qu'au
» milieu des agitations de la terre ils nous rappel-
» lent que notre existence a un but plus élevé, parce
» qu'ils nous avertissent sans cesse des devoirs les

» plus sublimes. Mais quand eux-mêmes sacrifient
» aux intrigues du monde, quand ils enfreignent nos
» lois pénales, ils n'ont droit à aucune exception. Non,
» Messieurs, cette précaution serait nouvelle, inouïe ; le
» clergé français la réprouve. Il n'est point de système
» devant lequel s'arrête la vindicte publique : elle sai-
» sit dans les rangs d'une armée victorieuse le guer-
» rier qui a forfait à l'honneur ou trahi son roi : elle
» arrache de son siége et le jette sur le banc des pré-
» venus le magistrat indigne d'être l'organe des lois,
» elle attend à l'issue de nos chambres législatives le
» pair ou le député qui les a violées. Et elle ne pour-
» rait atteindre, au pied des autels, le prêtre qui
» aurait apporté dans le sanctuaire toutes les passions
» humaines, celui qui enfreindrait nos lois pénales !
» Cette exception, Messieurs, serait funeste au
» corps même pour lequel on a paru la réclamer. Plus
» saintes sont les fonctions, plus purs doivent être
» ceux qui les exercent. Dans un siècle où l'on ne
» respecte que ce que l'on peut juger, il importe que
» la conduite de tous soit soumise à un examen rigou-
» reux, et la règle sera d'autant mieux observée que
» les exceptions seront plus sûrement atteintes. Et
» puisque l'on vous a parlé de considérations, Mes-
» sieurs, savez-vous qu'il en est d'autres encore plus
» conformes à vos sermens ? Quel serait l'effet d'une
» déclaration dictée par une complaisance ? Puisant
» dans votre décision même les élémens de leur con-
» viction, et par une conséquence toute légale, les
» supérieurs de Sieffrid lui devraient une réparation
» éclatante. Il reviendrait donc au milieu de cette
» commune affligée de ses désordres, c'est à lui que
» serait confiée l'éducation chrétienne, et les sacre-

» mens les plus saints continueraient à s'accomplir
» par des mains que tant de consciences en auraient
» déclarées indignes.

» Je ne vous tiens ce langage, Messieurs, dit en
» terminant le magistrat, que pour vous prémunir
» contre une déclaration de faveur et que n'approuve-
» rait pas votre opinion. Mais si vous aviez acquis
» la consolante conviction que l'accusé n'est pas
» coupable, si vous pensiez que le mensonge, sou-
» tenu du parjure et de la plus inconcevable mé-
» chanceté, a seul ourdi cette odieuse cause, en un
» mot, si l'âme du juste a été trop long-temps con-
» tristée par le souffle impur de la calomnie, hâtez-
» vous, Messieurs, de le déclarer. Votre réponse ne
» sera pas moins salutaire, les fers tomberont de ses
» mains innocentes, et Sieffrid les élèvera vers le Ciel
» pour bénir nos institutions. Cet exemple apprendra
» à tous les ecclésiastiques qu'il ne leur faut pas de
» garanties spéciales, que les citoyens français sont des
» juges sans prévention, que jugé par eux on est
» toujours bien jugé ; enfin, que se soumettre à l'action
» des magistrats, c'est en même temps se placer sous
» l'auguste protection des lois. »

Ces paroles de M. le président de Golbéry ont fait
une vive impression.

A trois heures moins un quart, les jurés se retirent
pour délibérer ; une demi-heure après, ils rentrent
dans la salle d'audience. Voici les réponses qu'ils ont
faites aux deux questions posées :

1°. Oui, l'accusé est coupable d'attentat aux mœurs
sur de jeunes filles au-dessous de l'âge de quinze ans,
mais *sans violences*.

2°. Non, l'accusé n'est pas coupable d'avoir excité habituellement à la corruption, etc.

M. le président : La parole est au ministère public.

M. le procureur du roi : Attendu que les faits reconnus constans par le jury ne présentent les caractères d'aucun crime, d'aucun délit, d'aucune contravention, nous requérons que l'accusé soit déclaré absous.

M. le président : La Cour va se retirer pour en délibérer.

Un moment après, les magistrats reprennent leurs places, et M. le président prouonce un arrêt par lequel, attendu que les faits reconnus constans par le jury sout bien contraires à la morale, mais ne constituent point un crime, aux termes de la loi, la Cour déclare Sieffrid absous de l'accusation, et ordonne sa mise en liberté.

Aucune marque d'approbation ou d'improbation ne se fait entendre ; des ordres sévères avaient été donnés. Peu d'instans après, l'accusé traverse la salle, qu'on avait fait évacuer, et se rend, par un passage non public, escorté d'un gendarme et de l'aumônier des prisons, à celle où il est détenu. M. le président avait ordonné qu'on veillât à ce qu'il ne fût point l'objet d'insultes.

Le curé Sieffrid a été défendu par M°. Maud'heux. M°. Briffaut, ancien bâtonnier, dont la piété et la charité chrétienne sont connues, est venu assister son jeune confrère et diriger ses efforts. Il a lui-même traité la question de droit.

COUR D'ASSISES DE SEINE-ET-OISE

Audience du 22 août 1827.

AFFAIRE MOLITOR.

Nicolas-Joseph MOLITOR, âgé de trente ans, né dans le grand-duché de Luxembourg, chassé de son pays par suite de son inconduite, vint se réfugier en France. Il parvint à se faire employer dans différens diocèses ; mais bientôt on se vit obligé de l'interdire. Condamné à six mois d'emprisonnement pour avoir indûment porté la croix de la Légion-d'Honneur, il fut visité dans sa prison par une sœur hospitalière. Loin d'être attendri par les soins charitables de cette pieuse personne, il conçut le projet de la rendre victime de sa généreuse confiance. Il ne tarda pas à réussir. Ayant obtenu d'elle, à titre d'avance, une somme de 120 fr., Molitor lui remit un prétendu billet de 300 fr., souscrit à son profit par le curé de Houdan. Ce billet fut présenté à l'ecclésiastique. La signature en était fausse, et la sœur de charité se contenta de déclarer à Molitor que ce billet ne valait rien, et le lui remit sans porter aucune plainte.

Cette indulgence ne lui servit pas de leçon ; traînant toujours une vie vagabonde, il parvint, par ses nouvelles intrigues, à surprendre la religion d'un vénérable prélat, qui l'admit de nouveau aux fonctions du sacerdoce.

En 1826, Molitor, prétendant qu'il s'était égaré, se présenta un soir chez le curé de Hallins, à qui il demanda l'hospitalité ; il y resta jusqu'au lendemain, et se dirigea ensuite vers le village de la Queue ; il y fut invité, par un habitant, à y passer toute la journée et la nuit ; Molitor accepta cette bienveillante hospitalité dont il devait faire un indigne abus. Le maître de la maison lui fit préparer un lit dans son alcôve même.

Son hôte vient de s'endormir. Molitor se lève sans bruit, s'introduit dans la chambre où repose une jeune domestique, se jette sur elle comme un forcené, et, après des efforts longs et multipliés, il parvient à abuser de cette malheureuse fille, dont les cris ne peuvent parvenir jusqu'à la chambre où son maître était couché. Cependant, parvenue à se débarrasser des mains de ce furieux, la jeune fille court à la chambre de son maître, et l'informe de l'outrage qu'elle vient de recevoir. Dans le désordre de cette scène, et pendant qu'on suit les traces de Molitor, celui-ci, qui avait trouvé moyen de se cacher, rentre furtivement dans la chambre, se remet au lit, et lorsqu'on s'approche de lui, il semble sortir d'un profond sommeil.

Cependant, de vifs reproches lui sont adressés ; on le chasse ignominieusement de la maison, et, après son départ, on s'aperçoit qu'une somme d'argent a été

dérobée dans la chambre de la malheureuse domestique.

Une plainte ayant été portée contre Molitor, il fut
arrêté dans la journée même, et c'est par suite de
cette plainte et de l'instruction à laquelle elle a donné
lieu, que Molitor a été renvoyé devant la Cour d'assises.

L'affaire, appelée déjà une première fois, avait été
remise au 22 août, à cause du principal témoin, de la
fille victime de l'attentat imputé à l'accusé. Peu s'en
est fallu que la cause ne fût encore remise ; car cette
fille avait été administrée la veille, et il était à craindre qu'elle ne pût encore paraître. A peine pouvait-
elle marcher.

Molitor, revêtu de l'habit séculier, soutient avec
beaucoup d'assurance les regards des nombreux spectateurs qui remplissent la salle d'audience.

Au moment de la lecture de l'acte d'accusation, on
fait évacuer la salle. MM. les jurés et les membres du
barreau sont seuls autorisés à rester.

Les débats se sont prolongés jusqu'à minuit envi-
ron. M. le Président prononce alors son résumé en
audience publique.

Le jury, interrogé sur les questions de savoir si
l'accusé Molitor a commis les crimes de faux, de vol,
d'attentat à la pudeur avec violence étant ministre d'un
culte, et de vagabondage, a répondu affirmativement
sur toutes les questions.

En conséquence, Molitor a été condamné aux travaux forcés à perpétuité, au carcan et à la marque.

On avait annoncé, il y a quelque temps, que Molitor avait été exposé. C'est seulement le vendredi, 19 oc-

tobre, qu'il a subi, à Versailles, l'exposition et la marque. C'était jour de marché. L'affluence des spectateurs était immense, et se pressait autour de l'échafaud avec une avide curiosité. De toutes parts on cherchait à lire l'écriteau placé au-dessus de la tête du condamné, et généralement on paraissait douter que ce fût Molitor. *Ce n'est pas lui*, disaient les uns; *car il n'a pas son habit de prêtre. — On lui a fait grâce*, disaient les autres. Bientôt cette incertitude a cessé, et on s'entretenait alors des circonstances de celui de ses crimes qui inspirait le plus d'horreur, en mêlant à son nom celui de Contrafatto. Molitor a constamment tenu les yeux baissés vers la terre, et paraissait profondément affecté.

FIN.